O JURAMENTO

O JURAMENTO

Flávio Prado

O JURAMENTO

Título - *O Juramento*
Copyright © Editora Escala Ltda., 2017

Todos os direitos reservados.
Nenhuma parte deste livro pode ser reproduzida sob quaisquer meios existentes sem autorização por escrito dos editores.

Direção Editorial *Ethel Santaella*
Diagramação e Capa *Marcelo Almeida*
Imagem *Shutterstock.com*
Revisão *Suely Furukawa*
Produção Gráfica *Giliard Andrade*

livrosescala@escala.com.br

Dados Internacionais de Catalogação na Publicação (CIP)
(Câmara Brasileira do Livro, SP, Brasil)

```
Prado, Flávio
   O juramento / Flávio Prado ; [ilustração Marcelo
Almeida]. -- São Paulo : Editora Escala, 2017.

   ISBN: 978-85-389-0245-4

   1. Futebol - Brasil - História 2. Jogadores de
futebol 3. Jogadores de futebol - Brasil
4. Jornalismo esportivo - Brasil 5. Memórias
I. Almeida, Marcelo. II. Título.
```

17-08603   CDD-796.3340

Índices para catálogo sistemático:

1. Jogadores de futebol : Memórias   796.3340

2ª edição: 2017
Direitos de edição em língua portuguesa, para o Brasil,
adquiridos por Editora Escala Ltda.

Av. Profª. Ida Kolb, 551, Jardim das Laranjeiras, São Paulo, CEP 02518-000
Tel.: +55 11 3855-2100 / Fax: +55 11 3857-9643
Venda de livros no atacado: tel.: +55 11 4446-7000 / +55 11 4446-7132
vendas@escala.com.br * www.escala.com.br

> *Ganhar pode significar perder e perder pode também ser ganhar. Tudo depende do que se seguirá. Não esqueça que somos guiados por Deus. Não duvide da sabedoria Suprema. Mas Ele nos deu essa chance do Toré. Então Ele acha que podemos refazer a história e nos deu a chance de termos a opção.*

Prefácio

Esta obra, com certeza, irá encantar os apreciadores do estilo Flávio Prado. Seus seguidores do dia a dia do rádio, da televisão e da literatura farão mais um rico passeio pelo fascinante reino do futebol. Páginas e páginas de jogos memoráveis e competições históricas, envolvendo muitos dos maiores mitos mundiais da bola, ressurgirão na memória dos felizardos que viveram o passado do maior espetáculo da terra.

Relatos surpreendentes pela emoção e dados que chegam a ser chocantes para os que iniciam sua vida entre as cores e a paixão por um clube de futebol. Técnico por formação na arte de jogar futebol, autor respeitado por treinadores e praticantes do jogo, deste vez, o grande comentarista nos mostra outra faceta, a do criativo ficcionista.

Este livro nos oferece uma experiência inédita além dos passeios pelas glórias e maravilhas que sua memória poderia recolher.

Acreditem, o autor se deu o privilégio de visitar alguns personagens que deixaram os gramados e hoje moram no paraíso! Não duvide, craques que tantos terão visto encantar torcidas moram lá, no alto, atentos e seus sucessores em toda parte. Alguns são personagens deste livro.

Esses velhos ídolos guardam, como vivas, sua melhores (e piores) experiências. De que forma, não sei, Flávio Prado deve ter-se transportado ao paraíso celeste e, lá, ao final de uma pelada ao lado de anjos e querubins, obteve exclusivas declarações. Saboreie o conteúdo que lhe é oferecido.

Fernando Solera

"Narrador do pool de televisões na Copa de 1970. Transmitiu para todo o Brasil os 30 minutos finais de Brasil 4 x 1 Itália. O jogo da conquista do tricampeonato no México. Está há 66 anos na mídia esportiva."

AGRADECIMENTOS

Agradeço a todos que ouviram pacientemente minhas história e estórias, enquanto escrevia esse livro, dentro da insegurança normal de uma primeira ficção. Aos impacientes seres, que muitas vezes me acordavam durante a madrugada e me deixavam mergulhado no computador com sono e tudo. A Moacir Barbosa, pela sua grandeza. Ao grande Alcides Ghiggia, que entrevistei tantas vezes e sempre defendeu com veemência o goleiro brasileiro da Copa de 1950. Espero que o leitor entenda essa minha aventura no desconhecido e viaje comigo enquanto estiver lendo estas páginas. Sonhe livremente e imagine como quiser. O importante é que se valorize o santo futebol. Coisa de Deus. E entendam que juramentos devem ser cumpridos. E ninguém tem direito de alterá-los. Não importam as circunstâncias.

DEDICO ESTE LIVRO

Ao Avô Abílio, personagem desta história, e sua
inseparável Adelaide, a Dona Mulata.

À Isabel e Rita Graziella
que ouviram com imensa paciência
histórias que nem lhes cabem e nem conhecem.

Ao Bruno Prado, amigo conselheiro
e inspirador. E também meu filho.

Ao Leo Ricino, mestre das letras
e que me ajudou demais nos pensamentos,
nas opiniões e especialmente nas correções.

Ao Cezário Corrêa do Prado, meu pai,
que me apresentou ao futebol.

Ao Fernando Solera, do alto de sua prodigiosa
memória, socorrendo-me sempre que necessário.

Ao Claudio Carsughi pelas lições sobre a Itália e
explicações das empresas de carro que faziam aviões.

À Isadora e ao Diego, meus queridos
netinhos, dando à minha vida a sequência
natural, iniciada com os avós e que são
fontes de inspiração constante, para tudo

Esses são os onze.

ÍNDICE

CAPÍTULO 1 - A grande corrida 15
CAPÍTULO 2 - A tragédia 17
CAPÍTULO 3 - O gol da transformação 19
CAPÍTULO 4 - A morte do maldito 21
CAPÍTULO 5 - A vítima indireta do terror 25
CAPÍTULO 6 - O estranho poder 27
CAPÍTULO 7 - Retomando as forças 31
CAPÍTULO 8 - O agregado 33
CAPÍTULO 9 - O sonho de Ghiggia 35
CAPÍTULO 10 - A contusão de Neymar 39
CAPÍTULO 11 - O carrasco morreu 41
CAPÍTULO 12 - A chegada do último de 50 43
CAPÍTULO 13 - Matthias Sindelar 45
CAPÍTULO 14 - Mozart, Sindelar e Waldo de Los Rios 47
CAPÍTULO 15 - Sindelar pede justiça 53
CAPÍTULO 16 - A primeira correção 57
CAPÍTULO 17 - O resgate de Camilla 61
CAPÍTULO 18 - Puskas também quer sua copa 65
CAPÍTULO 19 - O menininho de 1938 69
CAPÍTULO 20 - A chegada de Cruyff e a punição de 1978 ... 75
CAPÍTULO 21 - O gol que salvou vidas 79
CAPÍTULO 22 - O tri da tristeza 83
CAPÍTULO 23 - Um torturador com a seleção de 1970 87
CAPÍTULO 24 - 90 milhões sem ações 91
CAPÍTULO 25 - O erro do ditador 93

CAPÍTULO 26 – O maravilhoso Dadá 95
CAPÍTULO 27 – De novo o Uruguai 97
CAPÍTULO 28 – Primeiro título da Itália e o Brasil quase toma de 7 99
CAPÍTULO 29 – O acidente que destruiu o Torino 101
CAPÍTULO 30 – O fim em poucos segundos 105
CAPÍTULO 31 – A trágica festa 111
CAPÍTULO 32 – Correções no céu 115
CAPÍTULO 33 – As explicações do Pajé 119
CAPÍTULO 34 – Laranja mecânica campeã do mundo? 123
CAPÍTULO 35 – Provocações 127
CAPÍTULO 36 – Por que aquela bola não entrou 129
CAPÍTULO 37 – A indecisão de Rinus Mitchels 135
CAPÍTULO 38 – Conversando sobre conceitos 139
CAPÍTULO 39 – A inconfidência de Mazzola 143
CAPÍTULO 40 – A grande enquete 147
CAPÍTULO 41 – 1994, a Itália campeã nos pênaltis 151
CAPÍTULO 42 – A cabeçada salvadora de Oscar 155
CAPÍTULO 43 – O futebol bonito é campeão do mundo 159
CAPÍTULO 44 – A humildade de Obdulio Varela 163
CAPÍTULO 45 – O grande churrasco da justiça 167
CAPÍTULO 46 – De volta ao Maracanã 171
CAPÍTULO 47 – O jogo 175
CAPÍTULO 48 – Surge um herói nacional 179
CAPÍTULO 49 – O juramento 181
CAPÍTULO 50 – Um caráter muito acima da média 185
CAPÍTULO 51 – Um santo brasileiro 187
EPÍLOGO 190

CAPÍTULO 1

A GRANDE CORRIDA

Eu estava desesperado. Uma maleta batendo no corpo, uma corrida desenfreada, o barulho do trem, que começava a se movimentar, arrebentando meus ouvidos. Todo trabalho de 25 anos poderia ser jogado fora naqueles segundos que me separavam da porta, que começava a se fechar. A Gare de North em Paris virou minha pista de atletismo. Dei um salto. O ombro bateu na porta. A dor foi indiferente. Caí dentro do vagão, que se movia. As pessoas se assustaram. O coração palpitava forte. Minha teimosia me levara àquilo. Mas eu estava salvo.

Os segundos de desespero contrastaram muito com a manhã tranquila daquele dia 23 de junho de 1998. Acordei cedo. O Hotel Vaugirard Porte de Versailles fica em frente ao metrô. Em menos de quinze minutos estaria na Estação Montmatre. O trem para Marsella sairia às dez horas. Cheguei uma hora antes para curtir uma baguete e um café.

Por uns bons minutos, eu estava absolutamente tranquilo, senhor de toda a certeza do mundo, plenamente confiante. Eu chegara antes,

CAPÍTULO 1

como manda a prevenção. Todavia, à medida que o tempo foi passando, comecei a estranhar a ausência de indicações para meu trem. Afinal, qual o número da gare? Faltando quinze minutos, dirigi-me a um gendarme, o tradicional policial francês, e, com meu francês mais do que macarrônico, tentei esclarecer minha situação. Apesar da dificuldade no entendimento, percebi que havia algo errado. De fato. Meu trem não sairia de lá e sim da Gare de North. Angústia, suor e tensão. De metrô não dava mais. Talvez um táxi. Todavia, teria que contar com a boa vontade do motorista. Se perdesse o trem, perderia a transmissão. E, pior, provavelmente, o emprego. Não foram poucas as advertências dos companheiros de que era melhor viajar um dia antes, de avião.

A minha impossibilidade de superar o verdadeiro terror por viagens aéreas me impediu de aceitar tais conselhos. E a ótima experiência de dias antes com o TGV me garantiu a ida a Marsella, saindo às dez horas, chegando às 16:05 e partindo para Le Velodrome com tranquilidade, já que o jogo aconteceria somente às 21 horas. Não contava era com a possibilidade de perder o trem.

Foi aí que me conscientizei de que há momentos na vida que o autocontrole e a racionalidade desaparecem perturbadoramente. Foi quando me vi berrando na rua. Motoristas irritantemente indiferentes passavam, como se eu fosse invisível. Assim é Paris, como toda cidade grande. Até que um táxi parou. Entrei nele atabalhoadamente e fui logo explicando da melhor maneira que pude o meu problema. Ele, para minha surpresa, entendeu tudo.

Saiu numa alucinada correria, fez perigosas e irresponsáveis ultrapassagens, ouviu xingamentos e ofensas, passou em semáforos no limite. Estava tão tenso quanto eu. No final, com a missão cumprida, sorriu e disse:

— Não pense que seu francês é bom. Eu sou português. Moro aqui faz tempo e percebi sua dificuldade. Corre bastante que ainda dá. Meu nome é Zé Fonseca.

Agora sim eu dormia sossegado. O desespero daqueles dez minutos, aquela corrida maluca pelas ruas de Paris, o socorro de Zé Fonseca iam virando uma história engraçada. Brasil e Noruega jogaram. O Brasil perdeu, mas se classificou, e a Copa seguiu linda, até o final. Foi uma das mais belas Copas do Mundo que cobri na vida.

CAPÍTULO 2

A TRAGÉDIA

Sou índio. Recebi o atestado depois de um tremendo susto num exame de sangue de rotina, segundo o qual a produção de glóbulos brancos estava baixa demais. Indicaram-me um especialista. Ele me pediu um exame de sangue descansado. Depois mandou que fizesse esforço físico numa bicicleta ergométrica e repetiu o mesmo exame. Resultados bem diferentes. Os glóbulos estavam lá, ativos. Responderam ao chamado, quando necessário. Característica da raça índia, como disse o médico me dando um atestado reconfortante. Índio, como 'seo Abílio'.

Abílio Corrêa do Prado, tradicional morador da Zona Leste de São Paulo, nasceu no final do século 19. Pele vermelha, que parece negra quando toma sol. Perdeu uma perna com 19 anos, num acidente ferroviário. Quase morreu. Foi difícil convencer o velho Cezário, pai de Adelaide, de pouco mais de 12 anos, a deixá-la casar com um "aleijado". Mas não teve jeito. Mesmo contrariado, ele teve de aceitar.

E deu muito certo. Abílio virou homem de planejamento da Central

CAPÍTULO 2

do Brasil, teve muitos filhos, conseguiu sustentar a todos e comprar todas as terras vizinhas à casa onde morava o sogro Cezário e a esposa dele, a Vó do Pito, minha bisavó. Era um homem muito feliz. Até o dia 14 de janeiro de 1952. Abílio já estava aposentado, tinha vários filhos, filhas, netos e netas, todos morando a seu redor, em casas ao lado e os dois filhos mais jovens, solteiros, na casa dele. A vida estava resolvida.

Na manhã daquela segunda-feira, o inferno chegou à casa dele. O filho Flávio, o caçula, não acordou para trabalhar. Abílio ficou bravo. "Deve ter passado o domingo na farra". Não era isso. Flávio emitia um som estranho. Estava paralisado. Tinha apenas 19 anos. Muita força, mas naquele momento não conseguia se movimentar. Jogara futebol no sábado cedo e à tarde. Domingo 17 também. O que estaria acontecendo?

O farmacêutico Carlinhos foi chamado. Olhou aquilo tudo preocupado. Flávio já não se mexia. Aplicou uma injeção. Adelaide, a mãe, começou a entrar em desespero. Abílio viu que algo estava errado. Muito errado. O lugar era distante. O médico chamado chegou. Carlinhos tinha feito o possível. Adelaide começou a gritar e rasgar as roupas. Arranhava o rosto. Abílio estava entrando em pânico. O caçula seguia inerte.

O menino Flávio, que dias antes fizera um teste no Juventus com Julinho Botelho, o estudioso, o bonitão, o vaidoso, o briguento, o jogador de futebol, o caridoso, o queridinho da mamãe. O jovem Flávio, que faria vinte anos no dia 11 de fevereiro, estava morto. Dois anos depois, no mesmo local, no dia 11 de fevereiro, ao lado de Abílio e de Adelaide, eu nasci. Um índio. Os índios renascem. Um segundo Flávio na prole de Abílio e Adelaide.

CAPÍTULO 3

O GOL DA TRANSFORMAÇÃO

Ventava forte. Quase um uivo. Alcides, magrinho, como sempre fora, tinha a impressão que iria voar. O sol e a euforia de algumas horas antes foram substituídos por um silêncio confuso. Ele sempre gostou de sol. Seu apelido de criança era Negro. Tudo porque, branquelo, ia para a praia e se queimava todo. Ficava escuro. Negro. E também gostava de correr. Ajudava o pai, um comerciante do bairro de La Blanqueada, em Montevidéu, em suas peregrinações. Ia correndo à frente, chamando pessoas, batendo nas portas que o pai indicava.

Aos 23 anos, tinha pouco destaque no futebol, sua profissão, contrariando o pai. Sim, jogava no importante Peñarol. Mas ele não era um dos melhores. Tanto que poucas vezes fora chamado para a seleção. Estava na Copa do Mundo, vivia um bom momento e vinha fazendo gols. Só que destaques mesmo eram Varella, Míguez, Pérez, Schiaffino.

Para ele estava reservado o pior papel. Ou o melhor. 1,69 metro, 62 quilos. Bigodinho ralo. Vento, muito vento. Uma dor forte nas costas. Ele se curvou. Viu a bola de Julio Pérez vindo em sua direção. Um passo, dois, três, quatro, cinco, seis,

CAPÍTULO 3

sete. 40 metros. Uma corrida louca, desengonçada pelo lado direito. Uma perseguição maluca em busca da eternidade que nem ele sabia que estava naquela bola.

Sentia um ofegante lateral, desesperado, atrás. Não tinha muito tempo. Juvenal vinha chegando pelo meio. Levanta levemente a cabeça. Vê o grande goleiro Barbosa dar um passo para o centro. Parece ouvir um grito rouco: "Negro, Negro". Não dá para fazer mais nada. O chute sai mascado, errado. Quica duas vezes no chão, como ele não esperava. Mas como os deuses queriam. A bola passa entre a trave e o corpo de Barbosa.

Ghiggia corre de braços erguidos. O primeiro a pular sobre ele é Morán e nota que o corpo já tem outro formado. Agora tem a textura do "para sempre". Ghiggia nunca mais marcou qualquer gol pela seleção do Uruguai. Barbosa nunca mais teve o mesmo respeito. Quem estava no Maracanã naquele 16 de julho de 1950 jamais esqueceu daquele momento, e o futebol jamais foi o mesmo. A final da Copa de 50 vaga até hoje pelo solo brasileiro.

Depois disso, o Brasil ganhou cinco Copas. O Uruguai não venceu mais nenhuma. E ainda assim o sorriso deles é de superioridade. A camisa celeste impõe respeito. É impossível que as duas seleções joguem sem que se fale da corrida de Ghiggia, de Barbosa, do Maracanazo. Foi o maior silêncio que já se sentiu num estádio de futebol. Silêncio?! Era, de fato, o choro de duzentas mil pessoas no estádio do Maracanã. Depois daquele dia, criou-se uma incrível magia, jamais vista em qualquer lugar do mundo, em qualquer competição: os vinte e dois personagens ficaram amigos. Talvez por algo que tenha vindo com o vento que começou estranhamente poucos instantes antes do chute de Ghiggia, naquele incrível domingo, às dezesseis horas e trinta e nove minutos.

Ghiggia virou carrasco. Barbosa, vilão. Bigode, que perseguiu Ghiggia e chegou atrasado, covarde, pois teria apanhado de Varella. Esqueceram que foi só um jogo. Vidas mudaram. Barbosa sempre foi apontado nas ruas como perdedor. Morreu na miséria. Tudo daquela tarde se tornou lenda. Muita gente que não estava lá contou histórias a que não assistiram, mas que viraram verdade. Tudo por causa do chute torto de Ghiggia. Ou porque Miguéz, que gritava Negro, Negro, pedindo o passe pelo meio ao amigo de infância, chamando-o pelo apelido, confundiu Barbosa, um negro, sei lá. Miguéz gostava de acreditar nisso, que aqueles gritos teriam facilitado a vida de Ghiggia. Em compensação, as circunstâncias destruíram a de Barbosa.

CAPÍTULO 4

A MORTE DO MALDITO

Bermuda, camiseta muito simples, chinelo de dedo gasto, ele se arrastava pesadamente. Agora sim esse maldito homem está devidamente castigado. Ele não é mais nada. Não tem dinheiro, não tem família, não tem respeito e aceitou que cometeu um grave crime. Encosta na barraquinha humilde de praia, ignora o vento gelado e pede o "chorinho" de sempre. Dois dedos de Cynar e uma dose de pinga. Não tem como pagar. A dona, Tereza Borba, não liga.

Ele senta, olha para o mar e nada diz. Fica ali por um tempo. Todos os dias. Já teve uma bela casa. Mas vendeu para cuidar do câncer da mulher, Clotilde, com quem viveu durante 56 anos. O dinheiro deu certinho para fazer o tratamento. Não para a cura. Acabou, ela morreu.

Morou um tempo no apartamento da cunhada, mas sabe como é? A cunhada também precisou de algum rendimento, passou o apartamento adiante e ele teve que ir embora. Agora mora de favor. Quer dizer, mais ou menos. A aposentadoria ajuda em alguma coisa. Na luz, na água. Só. Aquela

CAPÍTULO 4

bermuda velha também foi ele que comprou. Mas já viveu momentos melhores. Quando está calor, o movimento na banca de jornal é bom e o jogo do bicho esquenta. Aí ele sempre tem um trocadinho a mais. Ele é "corretor zoológico", como gosta de se definir, nas poucas vezes que ri mostrando as várias falhas nos dentes.

Teimoso. Bebe todo dia, está sempre na miséria, cometeu um crime de lesa-pátria, mas insiste em respirar. De vez em quando chega do Rio um negocinho para ele. "Dizem que esse Eurico Miranda é um filho da puta. Mas é só quem se lembra dele. Os outros, os bonzinhos, nada", fala um amigo que divide uma cerveja eventual na barraquinha.

O velho já não reage. Cansou de falar sobre certo gol de 16 de julho de 1950. No começo, ele achou que era apenas mais um jogo. Com o tempo percebeu a gravidade dos fatos, mas botou na cabeça que seria perdoado depois da Copa de 1954, quando por certo seria titular. Porém um choque muito forte com o atacante Zezinho, do Botafogo, num clássico carioca, em 1953, tirou dele qualquer chance de nova Copa. Foram duas fraturas.

A torcida do Vasco, que foi visitá-lo em massa no hospital, evitou que entrasse em depressão. Enquanto o futebol durou, não deu para sentir tanto peso. Até a camisa da seleção ele voltou a vestir, pouco antes dessa contusão. Quando finalmente parou em 1962, um emprego público lhe garantiu um bom futuro. Aposentou-se e abriu uma loja de pesca. Mas uma enchente levou tudo embora. Prejuízo enorme e fim da vontade de morar no Rio. Afinal era paulista, nascera em Campinas. Aceitou o convite para morar em Santos, ao lado da cunhada. Vendeu a bela casa em Ramos. E veio o câncer de dona Clotilde.

Preto. Pobre. Triste. Esquecido. Virou também pé-frio. Não permitiram que desse um abraço em Taffarel pouco antes da Copa de 1994. Ele foi até a concentração do Brasil só para isso. Já ouvira tantas vezes que fizera o Brasil chorar. E começou a achar que tinham razão. Dois dedos de Cynar e 51. Está tudo girando. Como girou depois do chute maluco de Ghiggia, que fez dele um maldito.

Viu um rosto conhecido. O amigo Adalberto, ex-goleiro do Botafogo, ficou assustado ao rever o grande Barbosa naquela situação, no final de março de 2000. Voltou ao Rio preocupado. Moacir Barbosa já não se preocupava com nada. Em 7 de abril, outra vez um giro forte na cabeça. Uma dor intensa. Parece que vai cair. Começa a sentir os passos de Ghiggia em sua direção. Ele se assusta. Seus pesadelos foram muitos durante todos aqueles anos. Ele já tomou aquele gol mais de um milhão de vezes, nos seus maus sonhos. Medo, muito medo.

De repente ganha uma enorme coragem. Algo lhe diz para não dar nenhum passo. Ficar no lugar em que está. Ghiggia corre como um louco, perseguido por Bigode. Juvenal se aproxima. Ghiggia chuta mascado. A bola quica duas vezes. O tempo: 16h39m; o dia: 7 de abril do ano 2000. Barbosa defende a bola facilmente. O médico do humilde Pronto Socorro da Praia Grande avisa: "Moacir Barbosa Nascimento, nascido em 27 de março de 1921, na cidade de Campinas, está morto".

CAPÍTULO 5

A VÍTIMA INDIRETA DO TERROR

Zé Fonseca nasceu num dia 13 de novembro. Não gostava quando a data caía numa sexta-feira. "Sexta-feira 13 não é dia de se fazer aniversário, pá" dizia, com seu sotaque forte, o português que me ajudou a pegar o trem para Marselha na Copa de 1998. Mas, em 2015, era uma sexta-feira. Mesmo contrariado, chamou a família para uma reunião no fim do dia. Seria depois das dez da noite. Taxista, iria trabalhar até tarde, faturar o que pudesse e depois tomar um bom vinho com bacalhau.

No meio da tarde, recebeu um telefonema do amigo Manuel Dias. Parceiros de muitos anos, Manuel queria cumprimentar o amigo, mas não poderia estar com ele à noite. Naquele dia jogariam França e Alemanha, e Manuel, que também trabalha transportando pessoas, conseguiu um belo dinheiro pegando um grupo de turistas em Toulouse, para assistir ao jogo e levá-los de volta. Nada mal.

Zé Fonseca concordou em ir até o Stade de France receber o abraço do amigão, enquanto os passageiros viam a partida. E assim foi. Conversa-

CAPÍTULO 5

ram durante uma hora. Mas quando o movimento aumentou, Zé Fonseca resolveu ir embora. Deixou o amigo e combinaram um jantar para a semana seguinte. Zé Fonseca não se sentia bem. Estava gordo, tinha dores de cabeça, fazia poucos exercícios e teimava em se alimentar mal. Foi para casa e dormiu pesado. Quando acordou, por volta das dez da noite, notou que algo errado acontecera. A família ainda não chegara, mas a cidade tinha um movimento estranho. Foi só ligar a televisão para perceber o motivo de tudo. Um grupo terrorista atacara o Stade de France.

Os torcedores estavam dentro do gramado, a polícia corria por todos os lados, o barulho de sirenes era terrível. Quando as pessoas foram chegando, não havia outro tema. E tudo piorava com novos ataques. Agora as imagens eram assombrosas. Gente vítima indireta do terror ensanguentada, gritos de desespero, informações desencontradas. Ele nem lembrou mais que fazia aniversário. Mas fazia. Um repórter chamou da porta do estádio. Havia um morto por lá. Não se sabia ao certo como ocorrera. Bombas tinham explodido. Os terroristas tentaram entrar e não conseguiram. Então explodiram do lado de fora.

Um frio percorreu a barriga de Zé Fonseca. O amigo ficara esperando os passageiros, exatamente no setor que as setas da televisão mostravam. Não demorou. Veio o nome: Manuel Colaço Dias, 63 anos. Aquele que fez questão de lhe dar os parabéns horas antes fora vítima do terror.

Zé Fonseca encostou a cabeça no sofá e mal viu a filha chegar. Começou a sentir algo muito estranho e incontrolável. Sua filha, feliz com o aniversário do pai, lhe lembrou que eram 23h55m. Exatamente a hora em que Zé nascera. Mas o pai nada respondeu e o rosto dele se contraiu, seus olhos se fecharam e se apagaram, mal a filha tinha terminado a frase. Ela, assustada, se aproximou e, chorando, notou que ele estava completamente imóvel, sem respiração alguma, sem nenhum sinal vital. O infarto fora fulminante. Zé Fonseca não suportou a forma como perdeu o amigo. E foi embora também. No mesmo horário em que completaria mais um aniversário.

CAPÍTULO 6

O ESTRANHO PODER

Bahia. Linda Bahia! Chegando ao aeroporto, você pode seguir para Salvador ou pegar a estrada do Coco. Sessenta quilômetros depois, chega à Praia do Forte. Esse "forte" é a Casa da Torre, construída a partir de 1551 por Francisco Garcia d'Ávila. É a primeira construção fortificada de que se tem notícia no Brasil e se fez necessária para protegê-lo, quando seu poder passou a ser imenso, numa terra que estava sendo desbravada e roubada dos índios.

Mais do que isso, os antigos donos das terras viravam escravos. Garcia d'Ávila pode ser considerado, oficialmente, o primeiro corrupto do Brasil. Nomeado feitor e almoxarife da Cidade de Salvador por Tomé de Sousa, primeiro governador geral do Brasil, do qual era filho bastardo, recebeu como primeiro e único honorário duas vacas.

Dali pra frente, teria que se virar. E ele fez isso. Corrompeu, usurpou, atacou pessoas inocentes, não tinha limites. Em pouco tempo, era, e ainda pode ser considerado, o maior latifundiário da história brasileira. Suas pos-

CAPÍTULO 6

ses, que começavam em Salvador, chegavam até o Piauí. Claro que temos de considerar o contexto da época, quando a própria Igreja Católica, em alguns momentos, justificava a matança de índios, em nome de uma teórica "catequização e colonização". Mas os fatos são esses e estão aí.

Nesse processo, muitas tribos foram dizimadas. Seus grandes espaços foram reduzidos a guetos. Boa parte de tradições seculares sepultadas. E até algumas línguas desapareceram. Uma das tribos que mais sofreu foi a dos cariris, habitantes da região tomada por d'Ávilla.

Negando-se ao trabalho opressivo, foram rapidamente dizimados. Os cariris eram reclusos, fechados, afeitos a seus rituais e crenças sem grandes estardalhaços. Cariri em tupi quer dizer exatamente isso, silencioso, calado, taciturno. Falavam pouco, mas tinham linguagem própria, que chegou a ser impressa pelos jesuítas nos catecismos, junto com português e tupi, e distribuídos. Mas sua língua desapareceu. A miscigenação, as terras perdidas, as separações destruíram a raiz de tudo. Há, no entanto, registros desse vocabulário extinto. Eles vêm do final do Século XVII e do início do Século XVIII. O pouco que se conseguiu traduzir foi através da fala de caboclos das regiões nordestinas. Descendentes, mesmo que distantes dos cariris, passaram suas falas, para que a língua não ficasse totalmente morta.

Meu avô Abílio era índio. Dizem que nasceu no interior de São Paulo, pelos lados de Paraibuna. Não sei nada do pai dele, ou do avô ou bisavô. Mas lembro de uma conversa sobre os cariris. Era um fim de tarde e ele disse algo sobre essa tribo silenciosa. E comentou sobre o ritual do Toré. É algo misterioso. Realizado sempre nas noites de sábado, menos nos períodos de quaresma, era feito em recinto fechado, onde se depositavam potes de jurema. Jurema é uma planta leguminosa cujos frutos são vagens.

Os mortos cariris eram enterrados junto às raízes das árvores de jurema, para que tivessem evolução espiritual e pudessem ajudar as tribos, nos momentos de necessidade. Seguia o ritual com uso de cachimbo, ingestão de jurema e danças cada vez com maior intensidade. Elas eram utilizadas para "limpeza" do ambiente e atração dos "encantos", seres mortos, que voltavam a fim de aconselhar, usando para isso corpos de pessoas vivas. As consultas seguiam por muitas horas e os conselhos costumavam ser acatados por toda a tribo. Lembravam muito o trabalho feito hoje nos centros espíritas, quando pessoas vivas são incorporados por entidades espirituais, que as orientam na ajuda aos frequentadores do local.

Foi num Toré que veio uma informação que assombrou a tribo, os jesuítas e os colonizadores. Segundo o "encanto" informou, um humano tem poder de mudar o passado, depois de morto. Para isso precisará acontecer algo muito raro. Mas se surgir a coincidência, ela virá acompanhada de um poder extraordinário. Se a pessoa nascer e morrer numa mesma data e horário, ela terá gerado um movimento astral diferente. Isso provoca, automaticamente, um vácuo no passado, uma porta que permitirá ao espírito privilegiado invadir e mexer no terreno em que já pisou, onde viveu, teve dependência ou fez história!

É difícil acreditar que alguém possa nascer e morrer exatamente no mesmo dia e hora em que nasceu. Não pode fugir nem um minuto. Mas se acontecer, os movimentos da história estarão à disposição dele. Eu, por exemplo, nasci num 11 de fevereiro, às 8h45m. Teria que morrer num 11 de fevereiro, às 8h45m, nem um instante a mais, nem a menos. Por exemplo, 11 de fevereiro, 8:44:59s, ou 8:46:01s, não me dariam esse poder!

Meu avô me falou disso porque nasci no mesmo dia que meu tio, também Flávio, pouco mais de dois anos após a morte dele. Talvez para se consolar, meu avô pode ter achado que o filho dele voltara. E no mesmo dia que nascera na vez anterior. E, quem sabe, poderia realizar o fenômeno falado no Toré. Confesso que nunca senti nenhum poder diferente, nem sei se nascer duas vezes, no mesmo dia, dá o mesmo efeito. Avô Abílio morreu sem nunca mais tocar no assunto. Mas a história que ele me contou ficou registrada na memória, para sempre.

CAPÍTULO 7

RETOMANDO AS FORÇAS

Enquanto se anunciava a morte de Barbosa em todo o mundo, algo estranho acontecia com ele. Tivera a sensação de defender a bola de Ghiggia, finalmente. Em seguida apareceu uma luz muito branca, que quase o cegava. Pouco a pouco voltou a enxergar com naturalidade, mas seu íntimo dizia que aquilo tudo não era natural.

Pessoas que ele não conhecia, mas percebia que eram amigas, sorriam em volta dele, que caminhava tranquilo. Não via o final daquela estrada. Nem se incomodava com isso. Era agradável. Logo percebeu que não estava mais curvado. Ao contrário, seu corpo estava ereto, como nos tempos em que jogava no Ypiranga e tinha grandes sonhos no futebol.

Um vento suave bateu no seu velho rosto e ele passou a mão num leve incômodo. Velho rosto? O rosto estava recomposto. Passou as mãos buscando as rugas e, admirado, percebeu que nem uma sequer estava lá! Ousou colocar a mão numa falha de dente, vício adquirido ao longo dos anos. Não havia falha! A dentição era plena. Barbosa não entendia o que se passava.

CAPÍTULO 7

Teve a impressão de ver Clotilde, a esposa, que morrera anos antes. Bobagem. Clotilde pertencia a outro mundo.

Lembrar-se de Clotilde fez Barbosa sorrir. E para surpresa dele não saiu o sorriso tímido, quase envergonhado dos últimos tempos. Ele veio firme, forte, foi aumentando. Tornou-se uma gargalhada. Como nos velhos tempos do Vasco, quando brincava com os amigos nas concentrações do Expresso da Vitória.

Algo mudara. O cenário também. Agora Barbosa observava luzes esverdeadas que se cruzavam. Em frente a elas, uma porta e uma mulher. Ela o saudou, cumprimentou e revelou:

— Bem-vindo. Tem um local especial à sua espera. Não foi fácil ser o Barbosa de 1950. Mas você fez tudo muito bem. Pode entrar. Aqui é o Panteão dos Injustiçados do Futebol. Acho que você encontrará gente conhecida aqui dentro.

Barbosa coçou a cabeça. Quando ia entrar, recebeu uma caixinha dourada. A simpática mulher ordenou:

— Abra. Aqui tem algo que você perdeu lá embaixo e que é seu de direito.

Ao abrir a pequena caixa, Barbosa foi banhado por luzes douradas e prateadas. Foi um banho longo. Reconfortante. As luzes prateadas eram sua autoconfiança; as douradas, a autoestima. Ele as deixou pelo caminho, acreditando em tudo de mal que diziam dele.

Imediatamente o corpo de Barbosa ganhou mais vigor, força, e ele se sentiu disposto, como nos tempos em que voava nos campos de futebol, arrancando aplausos e elogios de todos. A mão não tremia mais. Ao contrário, transbordava energia. Olhou para o enorme espelho lateral e convictamente afirmou:

— Eu não errei. Quem errou foi o Ghiggia. Sorte dele. Azar meu. Faz parte da vida.

Rejuvenescido, Barbosa entrou, sentou-se no lugar que a mulher lhe apontara, ao lado de Matthias Sindelar, um austríaco, mágico do futebol, chamado de Homem de Papel, que morrera de forma estranha em 1939, perseguido pelos nazistas de Hitler, depois de se negar a jogar a Copa de 38 pela Alemanha. Barbosa era fã de Sindelar. Estava em começo de carreira quando soube da morte do maior jogador da época, que comoveu o mundo todo. Morte? Finalmente, Barbosa estava entendendo o que havia acontecido com ele.

CAPÍTULO 8

O AGREGADO

A última imagem gravada na retina do motorista José Fonseca era de um estádio de futebol. Pessoas assustadas, gritos e a notícia da morte do amigo Manuel Colaço Dias. Agora ele estava quieto num lugar estranho. De repente, outros gritos. Agora de euforia. Zé Fonseca fixou os olhos: vários índios dançavam harmônica e freneticamente, enquanto consumiam jurema.

José Fonseca entendia o que eles falavam, mas não sabia o significado da palavra: "Toré, Toré, Toré". Um imenso bloco de cariris vibrava ao perceber que a velha previsão se cumprira: José Fonseca nascera num dia 13 de novembro, às 23h55m. E morrera tempos depois, num dia 13 de novembro, exatamente às 23h55m. Raro, muito raro.

"Toré"! O significado lhe seria revelado e o deixou estupefato, incrédulo: por nascer e morrer exatamente no mesmo dia, na mesma hora e nos mesmos minutos, ele ganhara um poder espetacular. Poderia mudar a história. José Fonseca riu bastante. Primeiro porque ainda não havia entendido que estava morto. Segundo, porque nunca ouvira falar de Toré e muito menos dos

CAPÍTULO 8

cariris. Isso agora, porém, não fazia a menor diferença. Acreditou. O poder era dele. José Fonseca sempre trabalhara como motorista e não havia nada que ele gostaria de mudar na profissão que escolheu, como mandava a magia do Toré.

Todavia, Zé Fonseca tinha uma intensa paixão. Pleiteou usar seu poder para mexer em coisas do futebol. O Pajé cariri se assustou. Isso nunca fora considerado antes. O conselho dos velhos cariris se reuniu. Entidades importantes foram chamadas. Foi um dia longo. José Fonseca apenas caminhou pela região, conhecendo o novo e lindo lugar onde ficaria, a partir de agora. A decisão do grande conselho indígena foi estranha. Lembrou muito assembleias políticas do mundo dos vivos. Mas, enfim, ele poderia usar seu poder no futebol. Só que não agora. Alguém do ramo precisaria estar junto. Fora aceito como companheiro e não como protagonista. O fato de ser torcedor poderia levá-lo a cometer mais injustiças do que consertar as que estavam pendentes.

Vitória parcial do motorista. Ele iria esperar um novo Toré. Enquanto isso, passearia. José Fonseca nunca imaginou que fosse assim. Por que tanto medo da morte? Em que lugar maravilhoso ele estava! E reparou que nem estava tão gordo. Que respirava sem dificuldades, que orava e gostava de fazer orações. Com os dias passando tinha uma vontade reprimida. Cochichou com o Pajé sobre um pedido. Sentia falta da família, mas sabia que estavam bem e entendiam que essa passagem era natural. O outro incômodo era muito complicado para ele. Fazia tempo que não via um jogo de futebol. Mais especificamente, Cristiano Ronaldo. Será que haveria solução para o problema? Pouco tempo depois, ouviu a gargalhada forte de Barbosa. Bem adaptado ao novo mundo, Barbosa era uma espécie de coordenador geral do Panteão dos Injustiçados do Futebol. Somente lá havia um aparelho, que captava os jogos do tal e amado futebol. A sala dos Injustiçados agora estava repleta. Rinus Mitchels havia chegado. Puskas, Telê Santana, Zizinho, Sócrates, que agitava o ambiente, pleiteando, pelo menos uma vez por semana, um joguinho de futebol entre eles.

José Fonseca, que ganhara como prêmio o Toré, mas estava em compasso de espera por alguém do futebol, para ter atividades, foi aceito como agregado. No Panteão, todos respeitavam e viam Cristiano Ronaldo jogar. Mais um não incomodaria. Ao contrário. Era bem-vindo pelas fortes mãos de Barbosa. E eles adoravam ficar vendo os grandes jogos que acontecem, na atualidade na terra. Não perdiam partidas do Real Madrid, Bayern ou Barcelona.

CAPÍTULO 9

O SONHO DE GHIGGIA

O carro veio desengonçado. O acidente foi violento. Lá dentro uma lenda. Alcides Ghiggia bateu forte a cabeça. Fraturou a perna santa de 1950. Era junho de 2012. O Uruguai rezava pelo seu querido herói. Mas a idade, aquele impacto duro, o estado de coma quase constante não deixavam grandes esperanças. Foram várias cirurgias. As notícias, antes diárias, passaram a rarear.

— Será que Ghiggia morreu?

Essa era a pergunta que se fazia de vez em quando. Vinte dias fora do mundo. O coma, por vezes induzido, tirou da Terra o antigo jogador. Sim, ele respirava, mas estava em outro lugar. Ghiggia não sentia dores. A sensação era de paz. Depois de algum tempo, começou a ter saudades do passado, quando era ágil, veloz. Agora os movimentos estavam lentos e nem sequer todo o respeito que lhe dedicavam devolvia a alegria de antes. Queria reencontrar os amigos. Mas... eles estavam mortos. O tempo vencera um por um.

De repente, soou uma gargalhada firme, muito alta, conhecidíssima. Ghiggia, agora com uma expressão de admiração, sentiu uma grande mão

CAPÍTULO 9

puxando-o do leito hospitalar. Estranhava que se via deitado, mas... ao mesmo tempo, solto no ar. Sorrindo, viu e reconheceu imediatamente seu grande amigo Barbosa. O dedo dele sobre os lábios exigia que mantivesse silêncio. E lá se foi Ghiggia, conduzido por Barbosa.

O lugar era muito agradável. E lá estavam não só seus amigos, como também seus ídolos do futebol. Ele não podia acreditar. Só podia estar sonhando. Mas era um sonho maravilhoso. A conversa sobre bola era intensa. Havia um lugar onde ele não podia entrar.

— Lá é o Panteão dos Injustiçados. Não é para você! — deixou bem claro o seu guia daquele momento mágico.

Ghiggia soube então que fariam um jogo em sua homenagem. E ele iria jogar metade do tempo de cada lado. No primeiro, estaria ao lado de seu ídolos: Ballesteros; Gestido, Mascheroni, Nasazzi e Scarone; Andrade e Fernandez; Dorado, Cea, Castro e Iriarte. Técnico: Alberto Suppici. Dorado saiu do grupo e lhe entregou a camisa. Era a maravilhosa seleção dos anos 1920 e 1930 do Uruguai. Bicampeã Olimpíca em 1924 e 1928, tetracampeã da Copa América em 1920, 1923, 1924 e 1926. E, principalmente, campeã mundial em 1930.

Ghiggia, meio sem graça, pegou a camisa e entrou em campo. Sentia-se bem. Do outro lado, viu seus companheiros de 1950. Em seu lugar, com um sorriso de satisfação, estava Hohberg, um argentino, que tentou se naturalizar uruguaio, para jogar em 1950, mas não teve tempo e abriu vaga, exatamente para que ele, Ghiggia, pudesse atuar no Mundial que o consagrou.

O jogo foi uma delícia. O pessoal corria muito e não cansava. Apesar da diferença de idade, Ghiggia notou que todos estavam jovens e em plena forma. Juan Lopez, o treinador de 1950, estava animado com a festa. Na verdade, fora ideia dele, sempre gentil com seus atletas. O time brasileiro de 1950, quase completo, assistiu ao lado do gramado, fazendo piadas e dando boas risadas. O pessoal da Argentina, que perdeu a final de 1930, reclamava de alguma coisa, porém, da mesma forma gostava do que via.

Incrível foi o churrasco pós-jogo. Ghiggia nunca tinha visto algo parecido. Todos festejaram muito o reencontro, o chimarrão rolou solto e parecia que aquilo nunca mais iria acabar. Até que Barbosa chamou Ghiggia. Era hora de voltar para sua casa. Ele não conseguia entender aquilo. Barbosa não explicou muito. Apenas lembrou: "ainda não chegou o momento".

E Ghiggia começou a ouvir vozes familiares. Viu o filho Arcadio sorrindo. "Ele está voltando, ele está voltando". Os médicos não acreditavam no que viam. Foram vinte dias em coma para um senhor de 86 anos. A recuperação era impossível. Quase impossível. Ghiggia saiu do hospital.

Agora usaria uma bengala. Teria mais dificuldades nos movimentos. Porém, estava vivo! E vibrando com a lembrança de 36 o sonho de Ghiggia um sonho muito doido na cabeça. Também, depois de tantos remédios, era normal que tivesse jogado no time de 30, voltasse a correr como antes e até participasse de um animado churrasco, como nos velhos tempos. Foi bom sonhar. Mas era hora de recomeçar a vida no Mercadinho de Las Piedras. Ao lado da sua querida Montevidéu.

CAPÍTULO 10

A CONTUSÃO DE NEYMAR

Em período de Copa do Mundo, o Panteão dos Injustiçados fica sempre muito agitado. Na Copa de 2014, estava mais ainda. Sócrates e Barbosa organizavam churrascos, regados a néctares, cujos componentes não dava para se saber exatamente quais eram, e vibravam a cada jogo, embora torcessem o nariz com o futebol da Seleção Brasileira.

No dia 4 de julho, na partida contra a Colômbia, eles começaram a temer. 41 minutos do segundo tempo. 2 a 1 Brasil. Bola na área brasileira, devolvida. Neymar domina no peito. O zagueiro Zuniga chega forte, por trás, e dá uma joelhada nas costas dele.

O garoto cai e faz cara de dor. Depois, de medo, de pavor. Começa a chorar. Não está brincando. O pessoal do banco de reservas se assusta. No Panteão, Sócrates fica em pé. Barbosa coça a cabeça. Henrique se movimenta no banco de reservas. Neymar sai de maca. Está fora da Copa. Ele e o Brasil. Acabaram as chances de conquista de título.

O que viria depois seria um festival de equívocos. Dr. Paulo Machado

CAPÍTULO 10

de Carvalho, passeando tranquilo lá por cima, não quis acreditar, quando viu as faixas de incentivo a Neymar. Lembrou de 1962, quando perdeu Pelé. Toda força foi dada para Amarildo, que entrou. Pelé estava fora de combate, não podia fazer mais nada. Não adiantava nada apoiar Neymar ou mostrar dependência de quem não podia mais ajudar.

E chegou o trágico 8 de julho. A Alemanha, com uma camisa que lembrava o Flamengo. E o Brasil com um futebol que lembrava o Íbis. Foi vergonhoso. O maior vexame de todos os tempos em Mundiais. Até o discreto Fritz Walter, capitão da Alemanha da Copa de 1954, veio perguntar no intervalo o que estava acontecendo. Garrincha achou que tinha bebido demais, embora lá em cima estivesse curado há bastante tempo.

Flávio Costa chamou Barbosa na porta do Panteão e conversaram, longamente, sobre o tema, no final do jogo. Não pareciam redimidos. Estavam sem graça. Só o irreverente George Best é que ousou fazer uma piadinha, que logo se perdeu no vazio. 7 a 1 em casa era algo que ofendia os vivos e os mortos do futebol brasileiro. Os desencarnados, que deveriam estar "descansando em paz", saíram do seu descanso.

O mundo do futebol estava maluco. Barbosa e Sócrates resolveram convocar todos os craques brasileiros do passado para uma reunião de emergência. Um grupo de assistentes locais deu assessoria. Mas, apesar do vexame, perceberam que nada mudaria no futebol brasileiro da atualidade. Já com relação ao passado, era diferente. Ficaram sabendo que algo muito importante estava para acontecer. Dependia apenas de alguns meses. Teriam que esperar. O Panteão dos Injustiçados não fora criado à toa. Tinha uma função importante. Mas o mundo celestial dependia de oclusões terrestres. E elas ainda não estavam completas. Faltavam peças. Logo chegariam. Caberia a eles acertar coisas que o tempo deixou imperfeito.

CAPÍTULO 11

O CARRASCO MORREU

Ghiggia foi uma das grandes estrelas da Copa de 2014. Desde o sorteio sempre recebeu muitas homenagens. Mesmo com grandes dificuldades para caminhar, o velho atacante foi reverenciado por onde passou. Nunca entendeu por que os brasileiros o tratavam tão bem, apesar dos sofrimentos que impusera à sua nação, no distante 16 de julho de 1950. Mas se sentia grato. Lamentou o 7 a 1. Teve uma pontinha de orgulho de seus amigos da Seleção Brasileira de 50, que agora estavam reabilitados. O vexame de 2014 transformou a tragédia do Maracanã em honraria de vice-campeão.

Ghiggia sentia-se muito cansado. Depois do acidente de 2012, sofria muitas dores. O estranho sonho dos momentos de coma, quando imaginou ter visto Barbosa e jogado futebol com os campeões de 30 e 50, e a volta ao convívio com a família, porém, agora com dependência física, tiraram dele a alegria espontânea.

O mercadinho em Las Piedras, próximo de Montevidéu, continuava sendo seu lugar. Lá contava histórias, via alguns conhecidos, dava palpites

CAPÍTULO 11

nos negócios, mas basicamente procurava espantar o tédio. Os dias estavam cada vez mais longos. Para quem viveu como ele, a rotina era um sofrimento pesado. E, pior que isso, as internações constantes.

E lá estava ele, novamente, no hospital. Sabia que incomodava Arcadio, o filho, que estava sempre disposto a uma conversa e a um consolo. Internou-se na noite do dia 15 de julho de 2015. Sentia dores nas costas, mal-estar, fraqueza. Mas dormiu bem. Amanheceu no dia 16 bem melhor. Nem percebeu que dia era. Por certo, o velho telefone tocou em casa e algum repórter teimoso quis ouvi-lo sobre o gol do Maracanã de 65 anos atrás. A linha caiu. Ghiggia estava no hospital, quase rotina nos últimos anos.

No período da tarde, pediu para ver um jogo de futebol na televisão, para passar o tempo. Era a reprise de Internacional e Tigres, pela Libertadores. Enquanto escutava a narração, percebeu o tempo mudando. O Sol tinha ido embora. Começou a ventar forte. Quase um uivo. Quis levantar-se do sofá onde estava. O estômago remexia. Sentia vontade de vomitar. Caminhou lentamente em direção à cama. Foram sete passos. Lentos, muito lentos. Um, dois, três, quatro, cinco, seis, sete. A dor nas costas aumentou. Curvou-se. Recebeu um abraço, outro. Alguns gritos. Tentou erguer os braços. Não conseguiu. Olhou no grande relógio à sua frente.

Eram 16 horas e 39 minutos, 16 de julho de 2015. Fechou os olhos. Virou lenda.

CAPÍTULO 12

A CHEGADA DO ÚLTIMO DE 50

Ghiggia morreu, mas acordou rápido. Pôde ver seu corpo sendo inclinado na cama na tentativa desesperada de ressuscitação enquanto subia. Ao longe, ouvia a gargalhada amiga de Barbosa. Aquele sonho maluco estava de volta. Parece que não fora sonho, afinal. Aquele jogo, aquela recepção, tudo que imaginara, quando estava em coma, de modo incrível, tinha acontecido, numa outra dimensão. Mas Barbosa não chegou. Ao contrário. Um grupo grande de pessoas se aproximou aos berros e o cercou. Ghiggia ficou muito confuso.

— "Toré, Toré." — gritavam os cariris, impressionados com a explosão do fenômeno na vida do recém-chegado. E ali a coisa era mais estranha ainda. Afinal, o Toré aconteceria com alguém que nascesse e morresse no "mesmo dia e horário, em anos diferentes". Foi fácil perceber, pelas fibras estelares espalhadas em todas as árvores ali ao lado, que Ghiggia nascera num dia 22 de dezembro. E a morte fora minutos antes, num 16 de julho.

O Pajé ria, e esclareceu:

CAPÍTULO 12

— A vida nem sempre começa na hora do parto. Há coisas que fazemos que nos tornam lendas, que mudam mundos, salvam vidas, transformam histórias. Vocês acham que Sabin nasceu no dia que saiu da barriga da mãe ou quando descobriu a vacina? E Fleming? Pensem bem!"

— Está bem. Mas quem é esse que acabou de chegar? O que ele inventou? – perguntaram em uníssono!

— Inventou a tragédia coletiva no esporte, o complexo de cachorro vira-lata e a redenção pela bola de futebol. E tudo por um gol. Esse cara nasceu dia 16 de julho de 1950, às 16 horas e 39 minutos. E morreu dia 16 de julho de 2015, às 16 horas e 39 minutos. Toré!".

Ghiggia não entendia nada sobre o que os índios cariris conversavam a seu lado, mas percebia que algo especial iria acontecer. As danças frenéticas começaram. Juremas foram espalhadas. O som dos encantos era ouvido nas vozes modificadas das velhas índias. A cerimônia cariri anunciava que Ghiggia ganhara um poder especial!

Ele teria o direito de consertar a história do futebol, seu esporte. Mais especificamente da Copa do Mundo, lugar e tempo onde e quando "nasceu". Não poderia fazer nada sozinho. Precisaria atender pedidos, apelos de quem se sentisse injustiçado. E ter alguém a seu lado que pensasse como ele.

Menos de quatro meses depois, veio o companheiro. Era José Fonseca, o taxista de Paris. Amigo daquele que morreu em frente ao Estádio de France, durante o amistoso entre França e Alemanha, no dia 13 de novembro de 2015. Nasceu e morreu no mesmo dia e horário, com anos de diferença. Os índios explicaram o que se passava. Zé Fonseca estivera num período de adaptação ao mundo estelar. Já via jogos de futebol no Panteão dos Injustiçados. Já aceitava a morte e ausência da família. Ghiggia e José Fonseca estavam prontos para fazer alguns acertos nos jogos de futebol do passado. Deixar as coisas melhores. Esvaziar o Panteão dos Injustiçados.

CAPÍTULO 13

MATTHIAS SINDELAR

Por mais que pense, ele não pode sair do Panteão dos Injustiçados do Futebol. Se sair, não volta. "Suicidas vão para o Inferno". Matthias Sindelar é um suicida. Pelo menos foi assim que o receberam e o recolheram rapidamente, antes que sumisse "lá para baixo".

Mas é lá que está Camilla Castagnola, sua amada, que estava com ele naquele dia 23 de janeiro de 1939. A Áustria entrou em choque. Sindelar estava morto. O melhor de todos. O Mozart do futebol. A aspiração de gás provocara intoxicação por monóxido de carbono. Ele não suportou tanta pressão. Preferiu a morte. Tinha apenas 35 anos de idade.

Sindelar perdeu o pai na Primeira Guerra Mundial. Aos 14 anos era serralheiro e jogava futebol. E como jogava! Saiu do interior para Viena, atrás da sobrevivência, e achou o futebol.

Logo chamou a atenção. Magro, alto, muito leve. Virou o "Homem de Papel". Um gênio. Seu Áustria Viena foi o melhor time dos anos 20 e 30 em todo o mundo. O "Time Maravilhoso"! Ganhou tudo que podia. Na seleção

CAPÍTULO 13

foram 50 jogos. Só 4 derrotas. Uma delas, vergonhosa, não por culpa dele. No dia 3 de junho de 1934, no Estádio San Siro, em Milão. Ele e sua Áustria tinham que perder. Era ordem do ditador fascista, Benito Mussolini.

Sindelar assombrava. Ao jogar em Londres contra a imbatível Inglaterra perdeu por 4 a 3. Mas os ingleses ficaram encantados com ele. Quem era aquele jogador? John Langenus, primeiro árbitro a apitar num Mundial, descreveu na súmula do jogo o gol que Sindelar marcou:

"Zischek (jogador da Áustria) balançou as redes duas vezes, mas o gol de Sindelar foi uma verdadeira obra de arte, um feito que ninguém conseguiria alcançar contra um adversário como os ingleses. Nem antes nem depois dele. Sindelar pegou a bola no meio do campo e disparou com a sua incomparável elegância, driblando tudo que aparecia pela frente, e concluiu para o fundo do gol"

Isso tudo chegou até Mussolini. A Itália já perdera da Áustria algumas vezes. Não poderia ocorrer na Copa. O argentino Luiz Monti foi chamado. Na Copa de 30, ele chorou na final contra os uruguaios. Tornou-se covarde para seus compatriotas. E foi resgatado pelo Duce. Na realidade, foram os próprios homens do ditador que levaram os nervos de Monti ao extremo, pressionando a mãe do jogador em Buenos Aires, enquanto ele estava no Uruguai. Enviados de Mussolini criavam um clima terrível. Faziam ameaças de morte a ela, dizendo-se torcedores uruguaios. Pedras eram atiradas nas vidraças de sua casa, gritos noturnos e uma pressão intensa, diária, fizeram parte da rotina da mãe do defensor, enquanto a Copa do Mundo acontecia em Montevidéu. E todos esses fatos foram comunicados ao atleta. Ele se desesperou e perdeu o controle emocional. Daí o choro no momento da decisão e o descrédito junto aos argentinos, após a derrota. E o convite para jogar na Itália. O apoio dos homens de Mussolini na sua reabilitação. Eles geraram o problema para apresentarem uma solução, que convencesse o grande líder argentino a mudar para a Itália e defender a seleção Azzurra na Copa seguinte. Monti não sabia. Ficou grato ao fascista. Faria tudo que mandasse. E a ordem era arrebentar Sindelar.

E assim foi. Sindelar, frágil, foi caçado pelo gigante ítalo-argentino, num gramado horroroso, já que chovia muito. Aos 19 minutos, Giuseppe Meazza aproveitou um cruzamento e atirou-se sobre o goleiro austríaco Platzer. Quase quebrou o arqueiro. O juiz nem ligou. A bola sobrou para outro ítalo-argentino, Guaita. Gol da Itália. 1 a 0. Depois coube ao goleiro Combi defender tudo. A inferior Itália eliminou a grande Áustria. Sindelar saiu arrebentado. Monti virou herói. O ditador sorriu.

Dias depois, a Itália de Mussolini ganhava seu primeiro Mundial. Sindelar teria outra chance. Apesar de já passar dos 30 anos, sabia que seu futebol suportaria mais uma Copa. Iria se preparar muito. E as condições seriam mais justas, mais honestas. Assim pensava ele. Mas não haveria outra Copa para ele. Haveria, sim, outro tirano.

CAPÍTULO 14

Mozart, Sindelar e Waldo de los Rios

Quando acabou a Copa, Sindelar voltou ao seu brilho normal no Áustria Viena e às grandes conquistas, deixando muito claro tudo de errado que ocorrera no Mundial. Os títulos locais e internacionais continuaram pelos anos de 1935 e 1936. Sindelar não quis disputar a Olimpíada de 1936, na Alemanha. Ainda assim a Áustria fez um belo trabalho, ficando com a medalha de prata, perdendo de novo para a Itália, agora sim de forma correta.

No dia 12 de março de 1938, a Áustria passou a viver um pesadelo. As tropas nazistas de Adolph Hitler invadiram o país. Houve a anexação. Virou uma coisa só. Inclusive no futebol. E na perseguição aos judeus.

O time do Áustria Viena era composto por vários judeus ou descendentes. E eles passaram a ter problemas. Ordens estranhas apareciam, para que fossem dispensados. Sindelar não tolerava aquilo. O absurdo maior chegou em 3 de abril de 1938. Os capangas de Hitler informaram que haveria um jogo de "confraternização" entre Áustria e Alemanha. Seria o último dos

CAPÍTULO 14

austríacos. Dali para a frente, seriam uma seleção só. Claro que a Alemanha não podia perder. Mas perdeu. E Sindelar não só marcou um gol, como fez uma dancinha em frente à tribuna de honra dos generais do Reich. Tolerável, porque ele era o melhor e jogaria pela Alemanha. Mas ele informou que não jogaria. Estava velho, machucado, cansado, alegava. Dali para a frente, abriria um café com sua namorada, Camilla Castagnola, e deixaria o futebol em segundo plano. Aí ficou inaceitável.

Mais ainda quando Sindelar demonstrava, publicamente, indignação pelas perseguições contra seus antigos companheiros judeus. Diziam até que Camilla tinha alguma ascendência judaica. O "Homem de Papel" passou a incomodar o "Reich". E a pagar o preço. A pressão era constante. As visitas diárias, as chances de mudanças de planos, para jogar pela seleção, apareciam em todas as conversas. Mas as recusas voltavam.

Certa noite, Sindelar sonhou que era mesmo Mozart, como o apelidaram. E acordou chorando, sentindo todas as dores dos últimos momentos do compositor, sempre um homem muito sofrido. Foi até o Cemitério Central de Viena e ficou horas em frente ao túmulo do grande músico. Tinha uma forte depressão. Não sabia o que fazer. Olhou para trás e viu que o vigiavam. Até no cemitério. Foi na tarde do dia 22 de janeiro de 1939.

Durante a noite ouviu passos em sua casa. Levantou-se e um truculento militar perguntou onde ficava a tubulação de gás. Não contestou nada. Fez o sinal na direção certa e voltou para o quarto. No dia seguinte, estava morto.

Quando chegou "lá em cima", foi logo colocado no Panteão dos Injustiçados do Futebol. Ficou atordoado por um tempo. Vagando, sem entender o que se passara com sua vida terráquea. Mais ou menos no começo dos anos 50, veio um senhor muito sereno e perguntou se não gostaria de descansar um pouco. Fora lhe dada a chance de "emprestar", seu atormentado espírito de Mozart para um argentino da Terra. Era o que ele mais queria. E dormiu profundamente por mais de 20 anos.

Nesse espaço de tempo, "Mozart" estava com o maestro Waldo de los Rios. Um inquieto maestro argentino, que explodiu para a música, fazendo exatamente versões de temas clássicos de forma mais popular. Ele estudou música nos Estados Unidos de 1958 a 1962 e abalou a Europa em 1970, com uma versão popular da quadragésima sinfonia de Mozart, é claro. Foi um escândalo e um sucesso. Moderno, irreverente, incrível. Um Mozart moderno, um irreverente Sindelar.

Depois veio a nona sinfonia de Beethoven, o Hino da Alegria. Virou um mito entre os jovens que passaram a ouvir o erudito. E então Waldo, também, entrou em crise. Teve uma impressionante depressão. Em 30 de março de 1977, em Madri, deu um tiro na cabeça. Morreu horas depois no Hospital da Paz. E acabou a paz de Sindelar. O craque dos anos trinta despertou de seu sono profundo de vinte anos, lá no Panteão dos Injustiçados do Futebol. Ia começar tudo outra vez.

CAPÍTULO 15

SINDELAR PEDE JUSTIÇA

Quando Sindelar voltou de seu sono, era um ser modificado. Estava mais combativo. Há anos pensava em pleitear algo além de um Panteão de Injustiçados. Ganhara força nas reivindicações com a chegada de um brasileiro rebelde, que apareceu num domingo, dia 4 de dezembro de 2011, com uma garrafa de cerveja e comemorando um título de futebol.

Sócrates, sempre batalhador pró-povo, queria acabar com o inconformismo das vítimas do Panteão. E quando Sindelar contou sua história, ficou mais indignado ainda. Não era possível que um assassino, um tirano, pudesse levar vantagens em jogos de futebol. Sindelar passou dias ouvindo suas histórias sobre a Democracia Corinthiana.

Puskas chorou ao lado dos dois, lembrando-se das fugas que teve que fazer da sua Hungria, para jogar na Espanha e também escapar de ditaduras. Aí chegou Garrincha. O índio Garrincha. Ele também um cariri. Participara de todas as cerimônias do Toré. Achava engraçada a missão de Ghiggia e José Fonseca de fazer justiça na História. Como ria, Sócrates perguntou o que era. Mas foi Djalma Santos quem contou.

CAPÍTULO 15

— O pessoal da tribo do Garrincha acha que aquele uruguaio do gol de 50 e um portuga podem mexer na história do futebol e consertar o que está errado. Parece que foram eles que construíram esse lugar aqui, esperando alguém que tivesse condições para fazer os milagres. E, pelo jeito, esses dois têm.

George Best, ao lado de uma loira espetacular, gargalhou:

— Depois eu é que bebo!

Sócrates quis saber mais. Quis falar com o Pajé, que explicou sobre o Toré:

— Tudo é cem por cento verdade. Estou disposto a fazer um teste. Só que o problema é que isso não é brincadeira. Trocou, está trocado. Não tem volta, não tem arrependimento. Além disso, os beneficiados precisam estar de acordo. Mexer com a História não é fácil. Cada ação implica uma reação. Não é somente mudar um fato. Muitas coisas vão mudar junto. Vão ter que pensar bem. Mas se chegarem à conclusão de que é isso que querem, da nossa parte está muito fácil.

Sócrates perdeu o sossego. Consultou até o seu xará filósofo. Mas ele não quis se intrometer no tema. Na verdade, achou "mundano" demais. Aí, o Sócrates do futebol decidiu montar uma Comissão de Nobres. Não dava para um só resolver as coisas. Até porque, quase sempre, essa pessoa seria a interessada direta.

Chamou Puskas, Sindelar, Vicente Feola, Rinus Mitchels, Telê Santana, Jules Rimet, Kubala, Masopust e Julinho Botelho. E explicou o que estava acontecendo. Os olhares de descrença, aos poucos, foram trocados pelas dúvidas. Depois pela esperança. E, finalmente, um comentário:

— Por que não fazemos um teste?

O Pajé convocado mostrou uma lei celestial a todos, surpreendendo novamente Sócrates, que não sabia dessa novidade. E ainda apontou um item incrível do dogma de Deus: "Campeão do Mundo não pode ir para o inferno".

Todos riram. Mas aos poucos perceberam a sabedoria divina. Tudo na vida tem sua compensação. Os grandes bandidos fazem muitos atos de beneficência. Nem por isso têm espaço no céu. Pelo contrário.

Então, o oposto também vale. Quem ganha uma Copa do Mundo faz um bem tão intenso e tão perene a seu povo que, mesmo que tenha praticado algum mal, dentro dos limites admitidos a um ser humano normal, não pode ir para o inferno. É muito lógico. "Campeão do Mundo não vai para o Inferno", item 8, parágrafo 3 da Lei que regulamenta o Toré. É só conferir.

— Há mais uma coisa importantíssima, disse o Pajé: a palavra final será sempre do beneficiado. Não adianta alguém querer mudar a História em favor do outro. O injustiçado precisa querer. Porque muitas coisas mudam junto com um pequeno ato. Que dirá com um grande como esse que podemos fazer. Se quiserem montar a Comissão, tudo bem da minha parte. Mas a decisão se vamos mudar ou não sairá sempre lá de dentro, do Panteão dos Injustiçados. Só eles é que terão direito de escolher. Está bem claro?

Sócrates gesticulou concordando, ao mesmo tempo que não conseguia entender como alguém, vítima de uma injustiça, poderia não ter interesse em vê-la corrigida. Mas, enfim, não ia discutir com o Pajé. A cabeça dele agora estava em Sindelar. E em Mussolini. E naquele jogo de 1934. Áustria e Itália iriam jogar de novo. Só que dessa vez com resultado bem diferente.

CAPÍTULO 16

A PRIMEIRA CORREÇÃO

Sócrates conversou com Sindelar sobre o teste. No começo ele ficou incrédulo. Depois, com medo, e por fim concordou. O Pajé foi chamado e comunicado da decisão.

Lembrou, novamente, que a mudança não tinha retorno. Chamou Ghiggia, recebido com grandes abraços por todos do Panteão dos Injustiçados. Ele era respeitado e muito conhecido por lá. Já na chegada deu um beijo na face de Barbosa. Sempre teve grande ternura pelo goleiro, talvez por se achar responsável pela desgraça que se abateu na vida dele, depois daquele gol de 1950.

Sorriu e disse novamente:

— Não foi você que errou. Eu que errei o chute. Barbosa deu de ombros. Isso não importava mais. Ambos gargalharam e olharam para Sindelar. Ele estava tenso. O Pajé pediu que vestisse o uniforme de jogo. O mesmo do dia 3 de junho de 1934, que de forma incrível estava com os cariris, impecável. José Fonseca foi apresentado também. Emocionadíssimo por conhe-

CAPÍTULO 16

cer seus grandes ídolos. Amara o futebol por toda a vida. Nunca imagina uma situação como aquela. Ele e Ghiggia, com seus Torés, eram os donos do "poder". Juntos, mudariam a história do futebol, corrigindo as injustiças, os males, os erros da bola, na vida terrestre.

Um ônibus, quase transparente, surgiu na frente do Panteão. Era maravilhoso. Esverdeado, fazia movimentos laterais, para o alto, como se tivesse vida própria. José Fonseca assumiu a direção. Todos tomaram seus assentos. Os cariris cercaram o ônibus e fizeram alguns sinais. Uma fumaça densa tomou conta do lugar. Lá dentro, um sono profundo. Adormeceram. Acordaram com um barulho intenso. Milão. Muita gente chegando. Gente elegante. Senhores de ternos impecáveis. Mulheres com vestidos de festa. Todos com chapéus.

O Estádio San Siro sempre foi imponente. Naquele dia estava muito mais. Sindelar olhou pela janela e sentiu um calafrio. Mussolini chegava com sua comitiva. Gritos, saudações. Mãos esticadas em sua direção, na macabra saudação fascista. Os italianos estavam inebriados. Não só conduziram um monstro ao poder, como o viam como um deus. Um perigo. E naquele dia, a força da Itália seria mostrada também no futebol. O chefe Pajé entrou no ônibus, pegou Sindelar pelo braço e orientou:

— Faça apenas a sua parte. O que você sempre soube fazer.

— Mas eu vou ser massacrado pelo Monti, eu já vivi isso.

— As coisas mudaram, meu amigo. Agora estamos aqui para o ajudar. Quer um exemplo? Cadê a chuva? Cadê o barro? Vá lá, Homem de Papel, Mozart do Futebol. Hoje é o seu dia.

Sindelar lembrou-se que, realmente, a semifinal da Copa de 1934 fora debaixo de um dilúvio, num lamaçal terrível, que favoreceu a força física de Luiz Monti, não a técnica refinada dele. Mas, o Pajé trouxera Ynara, a melhor dançarina da chuva da história cariri, tanto para fazer chover, como para parar. E Milão vivia uma tarde de sol. O gramado do San Siro estava impecável.

Sindelar entrou em campo confiante. Já na primeira bola deu um drible em Monti, que tentou atingi-lo mas caiu humilhado. A torcida italiana resmungou. Bican, ao lado de Sindelar, também parecia ligado. O "time maravilhoso" brilhava. O técnico Hugo Meisl, mesmo oprimido pela polícia de Mussolini, pedia bastante toque de bola. E eles aconteciam. Zischek, Schall, Wagner, Viertl, todos muito inspirados. Os italianos lutavam bravamente. Além de Monti, correndo atrás do gênio Sindelar, Meazza, Ferrari e Orsi eram muito perigosos. Mas, o goleiro austríaco, Platzer, estava atento. Sentia uma dor terrível por uma entrada bruta de Meazza, aos 19 minutos do primeiro tempo, quando tinha a bola sob controle nas mãos. O craque italiano foi sobre seu corpo e ele soltou a bola. Guaita tocou para as redes, mas o árbitro sueco, Ivan Eklind, anulou, contrariando todas as versões de que vinha conversando com Mussolini e acertando as coisas para a Itália, fora do campo.

Aos 33 minutos do segundo tempo, o "time maravilhoso" trocou passes. Sindelar correu, recebeu na frente do goleiro italiano Combi. O toque foi mágico. Um gol para ninguém esquecer. Todos aplaudiram. Até os italianos. Menos Mussolini, é claro.

Gol da Áustria. Gol de Sindelar, do Homem de Papel. A partir daí, mesmo com toda garra, os italianos não conseguiram nada. As ameaças de Mussolini caíram no vazio. Seus planos, canalhas, de usar o futebol para ajudar a pôr em prática todo a sua tirania contra o povo italiano foram retardados.

Sindelar virou herói naquela tarde em Milão. A final foi contra a Tchecoslováquia. E novamente o Homem de Papel, o grande protagonista, fez um gol. O outro foi de Schall. E o maior time dos anos 20 e 30 era o grande campeão do mundo de 1934. Roma reconheceu. O mundo reconheceu. Na seleção da Fifa, sete jogadores da Áustria, mais o treinador, além de Sindelar como o número um da competição. A Copa de 1934 fazia justiça ao melhor futebol do mundo naquele momento. E ao grande jogador daquela geração.

Na numerada, Telê Santana, abraçado a Rinus Mitchels, chorava copiosamente. Os dois, amantes do futebol arte, estavam encantados com o que viram. Mussolini nem foi à final. Mas o público aplaudiu a beleza do jogo bem jogado. Sócrates abraçou o Pajé emocionado. Garrincha, enquanto isso, batia bola com um garotinho italiano, num canto do estádio. Já George Best preferiu comemorar a vitória com uma austríaca "como eu nunca vi lá embaixo, pessoal". Fim de festa.

CAPÍTULO 16

José Fonseca chegou e era hora de voltar. Os cariris cercaram o ônibus. O clima era de êxtase. A jurema era consumida a rodo. Ynara recebeu um beijo e seguiu em rumo oposto, com seu cabelo preto, enorme. A nuvem branca subiu, o sono veio. Alguns instantes depois estavam, novamente, em frente ao Panteão dos Injustiçados. Finalmente, com Sindelar, do lado de fora. Afinal, "campeão do mundo, nunca vai para o inferno". Ele agora estava protegido.

CAPÍTULO 17

O RESGATE DE CAMILLA

A condição de campeão do mundo deu a Sindelar a possibilidade de agir melhor, de raciocinar mais, de fazer melhores julgamentos. Seus pensamentos estavam voltados para Camilla Castagnola, a querida namorada, que foi encontrada morta, ao lado dele, no dia 23 de janeiro de 1939.

Conversaram sobre suicídio, sim. Mas nunca tomaram qualquer decisão. Os homens de Hitler estavam em todos os lugares. A vida deles estava insuportável. O café de onde os dois tiravam o sustento, depois que Sindelar parou de jogar futebol, exatamente para não ter que jogar pelos alemães nazistas, recebia visitas indesejáveis, diariamente. Camilla chorava muito, mas apoiava o Homem de Papel, na sua honrosa decisão de não se curvar à tirania de um regime que matava pessoas, mas queria vender saúde através do esporte.

Na madrugada do dia 22 de janeiro, Camilla acordou Sindelar. Tinha alguém forçando a porta da frente. Ele foi até lá. Era um soldado do Reich. A conversa foi rápida. O jogador voltou e deitou-se ao lado dela. E amanheceram mortos. Sindelar parece ter desistido de tudo e indicou o local da tubu-

CAPÍTULO 17

lação de gás, que foi ligada, propositadamente, pelo homem de Hitler, para que parecesse suicídio. Não foi. Suicídio seria jogar por aqueles assassinos. Sindelar teve coragem e caráter. E Camilla dera muito apoio a toda aquela complicada decisão.

Sindelar queria saber onde estava Camilla. Pediu permissão para ir ao pavoroso Vale dos Suicidas. Foi até a porta. Nada poderia ser mais tenebroso. Os sons, os gemidos, as lamentações eram ouvidas a muitos metros de distância. Não teve possibilidade de entrar, o que já lhe deu certa tranquilidade. Mostrou que não era um suicida. Que lá não era o seu lugar.

Consultou a relação, num equipamento extremamente preciso e o nome Camilla Castagnola não estava lá. Chorou emocionado. Deu um forte abraço em Ghiggia, que resolveu acompanhá-lo naquela difícil empreitada. Camilla estava morta, sim. Mas onde?

Enquanto Sindelar se movimentava em busca de seu grande amor, a agitação no inferno era intensa. Mussolini fora informado de que uma de suas glórias da Terra tinha sido retirada. E confirmou qual delas quando uma das muitas medalhas que carregava no uniforme, que ainda usava, desapareceu: não era mais campeão do mundo de 1934.

Blasfemou o que pôde contra Sindelar. Avisou que o mataria de novo, assim como já o havia feito o grande amigo Hitler. Reclamou com este. Ambos pensaram em remontar um grupo de guerra, mesmo das profundezas infernais.

Foram dias de alvoroço. Até Lúcifer teve dificuldades em conter seus subordinados. Hitler fazia discursos iflamados. Mussolini obrigava os oficiais diretos a se colocarem em posição de sentido. Mesmo os estropiados da guerra que eles criaram aceitaram um novo desafio.

— O que se ganhou em campo, não se pode perder fora dele. Não está direito, vociferou completamente irascível Mussolini.

Nunca o inferno esteve tão "quente". Malfeitores de todos os tempos foram chamados para ajudá-los. Do outro lado, sem perceber, Sindelar estava convocando um grande grupo de oração. Madre Teresa de Calcutá sorria. Mandela pedia calma, Martin Luther King fazia um inflamado discurso tranquilizador. Chico Xavier distribuía passes de paz. Já o pessoal do futebol não queria deixar por menos.

— Vai ser olho por olho.

Aí Ghandi arrematou encerrando o tema:

— Olho por olho, ficaremos todos cegos. Eles estão no inferno, nós estamos em paz. Encontrei Camilla vagando tempos atrás e ela está comigo. Não sabia direito quem era Sindelar. Confesso que não conhecia esse Panteão dos Injustiçados. Venha comigo, rapaz. Traga essa linda taça junto. Tudo vai ficar bem.

Enquanto isso, as tropas infernais paravam às margens do Rio Aqueronte. Lá tentavam convencer Caronte, o barqueiro do inferno, a deixá-los sair, para corrigir uma injustiça que estavam cometendo contra eles. A gargalhada de Caronte foi tão estridente que se ouviu em todas as dimensões do mundo.

— Nada é injusto contra vocês. Vocês estão onde mais merecem. São cativos nesse lugar. Além disso, deveriam ter lido o que está escrito naquela porta, quando entraram.

Todos voltaram os olhares para o tétrico portão na entrada do horrível espaço e leram, quase conjuntamente.

"Aqui está a cidade doente
Aqui está a eterna dor
Aqui está toda gente perdida
Foi a justiça que moveu o meu ato
De acordo com a indicação dos anjos
E do Supremo Senhor
Antes de mim nada era eterno
Eterno somente eu sou
Você que aqui está entrando pode perder toda esperança."

As tropas foram se desfazendo e perdendo mais uma guerra. Retomaram suas rotinas de sofrimento tão merecidos. Sindelar caminhou ao lado de Gandhi, segurando a Copa do Mundo. Logo seu coração pulsou. Percebeu Camilla. Aumentou o passo. Deu um salto. Abraçou-a num encantamento que não poderia imaginar que existisse depois de tanto tempo. Foi cercado pelos cariris, que entoaram cânticos, enquanto Ghiggia e Gandhi saíram de perto.

CAPÍTULO 17

    Os astrônomos da Terra dizem que nunca houve uma noite tão estrelada, como aquela nos céus do nosso mundo. E não conseguiram entender o motivo. Um brilho espetacular, uma Lua diferente e o menor índice de violência dos últimos anos em todas as cidades do planeta. E tudo por causa dos gols de Sindelar.

CAPÍTULO 18

PUSKAS TAMBÉM QUER SUA COPA

Ferenc Puskas foi, sem dúvida, um dos maiores jogadores da história do futebol mundial. Em 1954 o mundo chorou a derrota da super Hungria, para a Alemanha, então formada por jogadores muito jovens ou veteranos, já que aqueles que deveriam estar na melhor idade para o mundial, foram mortos ou mutilados na guerra, ou estavam presos. O 4 de julho de 1954, em Berna, Suíça poderia ser considerado o Dia Mundial da Injustiça no Futebol. Puskas comoveu-se com a história de Sindelar, mas sabia que também tinha direito a uma história melhor. Tanto que estava no Panteon dos Injustiçados desde o dia de sua morte, 17 de novembro de 2006. E fora recebido com honras. Teve drinque de boas-vindas e lual na primeira noite. Ele nunca esqueceu daquilo. Tudo bem. Mas, queria mesmo era sua cota de vitória no futebol.

Só que havia um problema muito grave. A Hungria de 1954, no tempo da espetacular seleção de Puskas, era uma odiosa ditadura. Vivia sob os horrores da União Soviética. E ditaduras não deveriam, nunca, ser ajudadas

CAPÍTULO 18

pelo futebol. O grande argumento para convencer os cariris a aplicar o Toré de Ghiggia e José Fonseca a favor de Sindelar foi exatamente explicar quem era Mussolini. Então, como ajudar Geórgiy Malenkov, no poder nesses meses, da Copa do Mundo de 1954, pós morte de Joseph Stalin, que ainda se adaptava ao inferno, como recém-chegado?

O futebol merecia. Mas ditadores jamais poderiam ganhar Mundiais. Não com o auxílio do Toré. E tem mais. Sempre que fosse possível, os que foram conquistados seriam retirados. Bastava que se achasse um motivo, se bem que só o fato deles terem sido o que foram já era o bastante para que isso ocorresse.

Puskas chorou muito quando a conversa girou em torno disso. Não porque discordasse. Mas sim por lembrar de tudo que viveu. Foram anos terríveis. Época de fortes torturas, arrancando confissões de "traições" contra o estado soviético, que implicavam em expurgos de propriedades, desempregos, prisões e requisições sumárias para trabalhos escravos. As eleições oficiais foram desconsideradas. Só o Partido Comunista tinha vez. O povo foi oprimido, calado, esmagado pelo gigante socialista, em nome de uma mentirosa guerra mundial perdida, já que a Hungria aliou-se à Alemanha, os soviéticos tomaram conta do país. Foi criada a Autoridade de Proteção ao Estado, AVH, um grupo violentíssimo, de opressão ao povo húngaro.

E o esporte, mais uma vez, usado como propaganda de prosperidade. O Kispesti FC, era um pequeno time da periferia de Budapeste. Mas por lá jogavam alguns garotos de talento excepcional. E tinha, ainda, um treinador muito especial, Bella Guttman. Como o futebol sempre foi muito popular, os soviéticos resolveram apostar numa grande equipe para amenizar o dia a dia terrível dos húngaros. Não foram nos times grandões. Simplesmente "criaram" o Honved. Ou melhor, passaram a investir forte nos meninos que se divertiam jogando futebol, pelo Kispesti FC, que não era de ninguém. Então, virou o time das Forças Armadas. O técnico da seleção, Gusztav Sebes, começou a trabalhar por lá e requisitar todos os jogadores que precisasse, de qualquer equipe, para o Honved, novo nome do Kispesti. Menos do MTK, o odiado time da Polícia Secreta. Mas nesse, nada se aproveitava e ninguém queria jogar e nem torcer. Sebes era brilhante. A geração húngara, especial. Havia um time que era a seleção e jogava toda semana junto. Ou seja, virou uma máquina de futebol. Ganhou de todo mundo. Inclusive do ingleses, dentro de Wembley. Puskas, Grosics, Kocsis, Czibor, Budai e Bozsik, a base inicial, junto com os melhores do país inteiro, fizeram espetáculos de sonhos. E com métodos revolucionários de treinamentos, inclusive, usando-se pela primeira vez, o aquecimento, antes da prática esportiva coletiva, de alto rendimento. Mesmo assim perdeu a final, para uma equipe capenga, que fora vencida por 8 a 3 na primeira fase pelos próprios húngaros. Sabe por quê? Porque tem coisa que pode ser corrigida. E tem coisa que não. Aqui não dava. Puskas levantou a cabeça, que estava baixa desde que começou a contar a história da tomada soviética a Budapeste. Num só dia, mais de 26 mil pessoas foram retiradas de suas casas, para dar lugar aos grupos invasores. Alguns parentes de Puskas sofreram tudo isso na carne. Ele entendia, perfeitamente, que dar um prêmio, como uma Copa do Mundo para aquele tipo de bandido era trair sua gente. Claro, que seu futebol merecia. E muito. Mas, ele foi caminhando lentamente. Sentou-se ao lado de Telê Santana e adormeceu triste, no ombro do grande treinador brasileiro.

A Hungria iria continuar sem a Copa de 1954. Puskas entendeu que os deuses agiram corretamente naquele dia. A chuva torrencial, que igualou os desiguais. As dores no tornozelo de Puskas. O início de libertação da Alemanha, especialmente dos pobres meninos, que, afinal, também eram vítimas das imbecilidades de Hitler, que eles nem sequer conheceram.

Os maravilhosos jogadores da Hungria, com sua magia, dariam aos criminosos da União Soviética, um troféu precioso demais. Os grandes craques acabaram fugindo da opressão e tiveram reconhecimento no mundo todo. Hoje há um troféu, do mais belo gol do ano, com o nome de Puskas. Outro húngaro fantástico, que não estava naquele time, mas que teve influência dele, o grande Kubala, é homenageado com uma estátua em frente o Camp Nou, do Barcelona, o centro da beleza do futebol mundial. Enquanto os infames assassinos estão se entendendo com os demônios, lá embaixo. Aqueles gols que não vieram, afinal, não fizeram tanta falta assim.

CAPÍTULO 19

O MENININHO DE 1938

Claro que Puskas teve que aceitar os argumentos de Sócrates e dos índios cariris para não pensarem em usar o Toré a favor da Seleção Húngara de 1954. Stalin e seus seguidores foram bandidos sanguinários, entre os maiores da História. Porém se via que Puskas ficou entristecido. Merecia ser campeão do mundo. Todos sabiam disso. Foi quando o malucão George Best teve uma visão:

— Mas em 1938, a Hungria não ficou em segundo lugar também? E quem ganhou não foi o Mussolini. Vamos tirar isso dele, pô. O cara tem que se ferrar por completo.

Sócrates ouviu a sugestão, brincou um pouco numa peladinha que Garrincha organizava e chegou ao Panteão dos Injustiçados querendo conversar com Puskas. O grande jogador estava num cantinho, encolhido, olhando para o nada. E o brasileiro perguntou:

— Quantos anos você tinha na Copa de 1938?

— Nove anos. Lembro-me de alguma coisa daquele time, vice-cam-

CAPÍTULO 19

peão. Tinha o Sarosi, que fazia muitos gols, o Titkos, que, se não me engano, fez gol na final. Era um time bom.

– Acho que você vai jogar com eles, disse sorrindo o coordenador das correções do Panteão.

Iria conversar com Barbosa, Ghiggia e José Fonseca. Se desse tudo certo, os cariris teriam novo trabalho, ainda naquela noite. Barbosa deu uma enorme gargalhada quando ouviu a ideia de Sócrates, depois do delírio de George Best.

O goleiro de 1950 saiu para conversar com seu amigão Ghiggia. Os dois faziam gestos. Sócrates olhava de longe. José Fonseca não dava palpites. Foram minutos tensos. Até que Ghiggia resolveu conversar com o Pajé cariri. O sábio índio não teve qualquer constrangimento. Chamou alguns que estavam mais próximos, deu algumas ordens e em poucos minutos começava a dança acrobática e distribuição da jurema.

José Fonseca sabia que estava na hora de pegar o seu veículo interestelar, aquele que flana e se contorce de acordo com as necessidades. Fogueiras foram acessas. Os cariris estavam inflamados com a possibilidade de fazer justiça mais uma vez. Para Puskas e Mussolini. A Puskas o que deveria ser de Puskas. E a Mussolini tirando o que não deveria ter sido dele.

Puskas não acreditou quando viu seu nome na escalação para a final de 1938. Antal Szabó, Gyula Polgár, Sandor Bíró, Antal Szalay, György Szücs, Gyula Lázár, Ferenc Puskas, Jenö Vincze, Gyorgy Sárosi, Gyula Zsengellér e Pál Titkos. Ele era uma criança. E ia jogar a final da Copa do Mundo no Estádio Olympiques de Colombes, em Paris. Tudo lotado. 45 mil pessoas perguntavam: o que aquele garoto gordinho estava fazendo no meio dos adultos?

Como se chegou a aquilo? Coisa do ditador Mussolini que não admitia perder. Mandara um telegrama aos seus jogadores e ao treinador, Vittorio Pozzo, com fortes ameaças. "Vencer ou morrer". Então sua polícia fascista tratou de "ajudar" o time. Invadiu a cozinha dos húngaros e colocou alguns pozinhos estranhos nas comidas servidas aos jogadores adversários da Itália. O cozinheiro do hotel, onde eles estavam hospedados, parecia muito assustado nas últimas horas. Não falava com ninguém, mas sabia que algo errado ocorrera.

O certo é que os húngaros amanheceram arrasados por diarreia, que só piorava durante o dia. Seria impossível jogar futebol. O atacante

Ferenc Sas estava no hospital, como todos os reservas. No entanto, a Mão Divina permitiria que pelo menos dez jogadores conseguissem entrar em campo.

Enquanto tudo isso ocorria, Ferenc Puskas, ex-zagueiro e agora treinador do pequeno Kispest, que anos depois seria o Honved, chegava com seu filho, Ferenc Puskas Biró, de 9 anos, para ver o jogo. Sim o pai do famoso Puskas também foi jogador e tinha o mesmo nome. Fora uma viagem longa de Budapeste até Paris, local da partida, algo bem difícil em 1938. A Hungria tinha dois treinadores, Károly Dietz e Alfréd Schaffer, mas só dez homens para pôr em campo, dentro de algumas horas.

Dietz era muito amigo do velho zagueiro e pediu que ele entrasse para completar o time. A Fifa, também pressionada por Mussolini, ameaçava impedir a Hungria de jogar e dar o título de forma sumária aos italianos, caso os húngaros não tivessem onze jogadores para a partida.

O velho Puskas não tinha mais folego, só que ali era um caso de urgência. Abriu a carteira e entregou os documentos a Károly Dietz e preparou-se para o último e surpreendente jogo de sua vida. Na pressa, porém, não percebeu que dera a documentação do filho, que também tinha seu nome, acrescido de Biró, e que viria a ser, mais tarde, um dos maiores jogadores da história do futebol mundial.

Os organizadores do Mundial riram abertamente ao ver que a Hungria estava inscrevendo, para jogar a final da Copa, um garoto de 9 anos. Alfréd Schaffer quase teve um infarto quando viu o erro cometido. Todos gozavam a ele e seus companheiros. O garotinho estava perdido no meio da multidão. O pai, desolado, tirava o uniforme e saía também em busca do pequeno Puskas, que iria, ele sim, jogar dentro de instantes. Um policial o encontrou comendo um sanduíche, perto de um banheiro feminino. Não iria conseguir ver o jogo com tanta gente grande à sua frente. Então resolveu comer.

Quando soube que estava escalado e teria que jogar, sob pena de a Hungria perder a Copa, o menino gargalhou. Mas, vendo que a conversa era séria, adquiriu um ar de austeridade, próprio dos vencedores e resolveu encarar o desafio. Já que não tinha jeito. Então "vamos lá", pensou.

O pequeno Puskas ouviu a preleção. Soube que apenas deveria ficar lá na frente e esperar uma chance para tentar algo contra o goleiro Aldo Olivieri. Suas pretensões eram maiores. Mas obedeceu. E viu, de longe, Colaussi

CAPÍTULO 19

marcar, logo aos 6 minutos, o primeiro gol da Itália. Pouca vibração do público. O momento político e a postura de Mussolini, tão próximo a Hitler, não deixavam a menor empatia dos franceses, organizadores do evento, com os italianos, que caminhavam para o título.

Puskas era ignorado pelos italianos. Até que uma bola espirrou pelo lado esquerdo. Alfredo Foni resolveu divertir-se com o garotinho e a situação. Chegou gritando, intimidando o menino, que, longe de se assustar, aplicou-lhe um drible desconcertante. Caído, entre gargalhadas dos franceses, viu o toque de Puskas para Titkos empatar o jogo. Foi um momento de magia total. Talvez um dos maiores da história das Copas. Piola fez 2 a 1. Colaussi 3 a 1 e assim terminou o primeiro tempo. No intervalo os húngaros pareciam desanimados. Foi quando ouviram uma estranha batida na porta. Assustados, pensaram em Mussolini e seu bando. Não era. Era um índio enorme. Um cacique com um grande cocar roxo na cabeça. Fez gesto de silêncio para todos, que, logicamente, não tiveram outra atitude, até pelo susto que a cena propiciara.

O índio trazia consigo um charuto, algumas folhas de jurema. Rezou, defumou o ambiente e sorriu para Puskas. Agradeceu respeitosamente a todos e se foi. Dali pra frente, o ânimo da Hungria foi outro. O time voltou com mais determinação. Atacava muito. Puskas recebia bolas a todo momento e enlouquecia os marcadores e a plateia com jogadas maravilhosas. Numa delas, aos 25 minutos, cruzou para Sarosi marcar. 3 a 2 para a Itália.

Os fascistas de Mussolini se aproximaram de forma intimidativa do gramado. Os jogadores italianos sentiam-se perdidos. Mas veio o alívio, graças ao grande Silvio Piola. Troca de passes e ele fez um golaço. Parecia o fim de tudo. Os italianos comemoravam a vitória e não a morte, como ameaçara Mussolini.

Então o índio de cocar roxo reapareceu. Fazia gestos nervosos que apontavam para o menino Puskas. Já na saída a bola foi para ele. Os italianos ainda comemoravam o quarto gol. O menino recebeu e mesmo sabendo que não teria força suficiente para atingir o gol de Olivieri chutou. A bola pegou um efeito estranho. Anormal. Gol de Puskas. O garoto de 9 anos. Parecia magia, loucura. Mas era verdade. A Hungria voltava ter chances no jogo.

Os tensos italianos, nessa altura, nem sabiam mais se atacavam ou defendiam. Os húngaros não tinham dúvidas. Bola em Puskas. E foi dele o gol de empate. Recebeu na direita, fechou pelo meio, driblou Rava, Sarantoni, entrou na área e tocou por cima do goleiro. Inacreditável, mas o jogo estava 4 a 4.

O histórico capitão Giuseppe Meazza colocava as mãos na cabeça. Não era possível que aquilo estivesse acontecendo. O jogo estava acabando. Prorrogação pela frente. Itália no ataque. Um chute perfeito de Ferrari. A trave salva o goleiro Szabó. Ele só não entendeu como a bola ganhou tanta força a ponto de atravessar o campo e cair justamente no pé esquerdo de Puskas. E menos ainda, como ele pôde bater de primeira e enfiar no ângulo de Olivieri. Um gol do outro mundo. Barbosa gargalhava encostado no canto da arquibancada. George Best saudava com um uísque de primeira linha. Sócrates brindava com uma cerveja e Garrincha tentava repetir a jogada no vidro do ônibus.

A Hungria era campeã do Mundo. Puskas ganhara o seu título. O cinegrafista, que gravara tudo, o único autorizado pela competição, atendia aos apelos da comissão técnica italiana, para suprimir os minutos finais. Mais do que isso, simularam uma entrega de Taça, que aliás era de papelão improvisada por um homem de cinema americano, que adorava brincar com essas coisas.

Se Mussolini soubesse da derrota, todos estariam mortos em poucas horas. Até a saudação fascista estava sendo feita pelos constrangidos italianos, quando o ônibus do José Fonseca chegou. Puskas queria levar seu pai junto. Não houve permissão. Ele estava em outro patamar. Fora emprestado apenas para aquele momento. Foi muito bom rever o velho Puskas. Mas tudo voltaria a seus devidos lugares. E Puskas não tinha mais nada que fazer no Panteão dos Injustiçados. Estava liberado. Pediu para seguir participando da Comissão dos Ajustes das Copas. Foi aceito por unanimidade. Na chegada, os cariris organizaram uma festa esplendorosa. No inferno, Mussolini via desaparecer a segunda medalha de campeão do mundo do seu peito.

CAPÍTULO 20

A CHEGADA DE CRUYFF E A PUNIÇÃO A 1978

No meio da festa cariri, gritos estranhos surgiram do Panteão dos Injustiçados. Um homem magro, elegante, cabelos lisos e ar, com razão, de filósofo, acabara de chegar. Foi recebido por 30 mil pessoas. As pessoas se comprimiam para abraçá-lo, agradecer, chegar perto e simplesmente tirar um jetself, modelo superavançado da terrena foto ao lado de personalidades. Eram argentinos na maioria. Viam no recém-chegado um herói.

Os mortos da ditadura militar argentina vagavam há anos de um lado para outro. Muitos ainda eram procurados na Terra. Não tiveram nem sua condição de morte formalizada. Simplesmente, desapareceram. E nesse grupo de desaparecidos da Terra, que vagavam lá em cima, estavam mulheres, inclusive algumas freiras de origem francesa, crianças de 15, 16 anos, velhos, jovens, em tese rebeldes, todos presos pelos ditadores e levados a horrorosos locais de tortura. Depois para um aeroporto com pistas clandestinas, onde lembravam vagamente de serem dopados e colocados

CAPÍTULO 20

em pequenos aviões. As aeronaves subiam e voltavam só com pilotos e seus auxiliares. Aquelas pessoas eram as vítimas dos voos da morte, durante os quais inimigos, reais e imaginários dos militares, eram despachados do alto, no mar, como cargas inúteis.

Cruyff foi um dos poucos famosos a se expor por eles. Não quis disputar a Copa do Mundo de 1978, para não ter que dar a mão ao criminoso Jorge Rafael Videla*, em caso de vitória da sua Holanda. Afinal o ditador é que entregaria a Taça. Foi pesado para ele. Sofreu ameaças pessoais e familiares, encurtou seu currículo maravilhoso em nome de uma causa, que já sabia perdida, pois agentes norte-americanos ajudavam e abasteciam, inclusive financeiramente, os sangrentos golpes de estado nas Américas.

Mas, ainda assim, o grande craque assumiu uma posição política importante. Era um herói da humanidade e mais ainda para aquele grupo de pessoas, muitas com filhos roubados, violências físicas impressionantes e "desaparecidas".

Improvisou-se um show de boas-vindas. Lágrimas escorreram dos olhos de Cruyff. No piano desfilava o talento de Tenório Junior, o Tenorinho da banda de Vinicius e Toquinho, que "sumiu do mapa" em Buenos Aires, no dia 18 de março de 1976. Cruyff achou lindo o samba-jazz de Tenorinho. Estava mais afiado que nunca. As danças dos cariris pararam e todos ficaram ouvindo o show do brasileiro, que só teve tempo de gravar um disco em vida, já que morreu cedo, com apenas 34 anos, pela bestialidade dos torturadores.

Sócrates foi informado da chegada do holandês. Sabia que teria um parceiro na filosofia e na inteligência das decisões. Viu o final do show de Tenório Junior e, antes que pudesse dar as boas vindas ao novo morador do Panteão dos Injustiçados, uma voz feminina foi ouvida.

Era Susana Lugones, a Piri, neta do escritor Leopoldo Lugones. Seu pai, Lugones Hijo inventara um instrumento chamado Picana Elétrica, que servia para ajudar na condução de grandes rebanhos de gado. Se houvesse necessidade, aplicava-se um choque no animal, que voltava à formação inicial.

Quando os militares criaram a ESMA - Escola de Mecânica da Armada, uma central de tortura de "inimigos da democracia", a Picana Elétrica passou

*Presidente da Argentina no período da Copa do Mundo de 1978.

a ser usada em humanos, provocando dores terríveis, em busca de confissões, muitas vezes impossíveis, por não saberem o que se pedia, ou por não serem quem os policiais achavam que eram. Susana morreu pelos choques da Picana Elétrica, inventada por seu pai, mas claro que para outra função.

De qualquer forma, foi dela o discurso oficial de agradecimento a Cruyff, por tentar alertar o mundo contra as barbáries sofridas pelos argentinos, naqueles tenebrosos anos, enquanto se jogava uma Copa do Mundo, em ritmo de festa dentro do país.

Tenorinho foi outro que morreu por não saber os nomes que eles queriam. Ele era brasileiro, estava lá para uns shows. Ninguém se preocupou em checar a informação, que ele passou logo que foi preso. Quando finalmente chegaram à conclusão de que estavam com a pessoa errada, seu estado era tão deplorável, ele sabia e sofrera tantas coisas, que resolveram, simplesmente, matá-lo. Foi um tiro na cabeça desferido, segundo diria tempos depois, outro torturador, Claudio Vallejos, por Alfredo Astiz, um dos mais destacados assassinos do período, que viria a ocupar altos cargos na ditadura nos anos que se seguiram. E o cadáver do artista, também desapareceu.

Naquele Plano, muito Superior, Susana e Tenorinho estavam na comissão de recepção a Cruyff. E exatamente no dia que completavam 40 anos da chegada do músico. Não era motivo para dar um show. A festa não era pelo fim da vida dele na Terra, mas pelo novo mundo onde estavam e pela chances que se abririam, com a chegada do pensador e preservador do futebol bem jogado, que agora também seria morador do famoso Panteão dos Injustiçados.

Sócrates via aquelas pessoas todas e Cruyff e se lembrou da Copa de 78. O cinismo de João Havelange, ao lado de Videla, em grande banquete na Tribuna de Honra de um eufórico estádio do River Plate lotado. A poucos quilômetros dali, uma central de morte funcionava, estrategicamente, para que pessoas incômodas ao poder fossem levadas do Aeroparque, aeroporto dentro da cidade, na parte sul de Buenos Aires, em pequenos aviões, Shorts SC.7 Skyvan e Fokker F 28, e de lá arremessados, amarrados, no Rio da Prata, ou no fundo do mar.

Ambos sabiam de tudo. E concordavam. Ou pior, animavam uma festa do futebol, que trazia ao povo o circo da ignorância e a falsa ideia de que a

CAPÍTULO 20

Argentina, com alguns gols, poderia ser o melhor lugar do mundo.

Quase todos acreditaram. E Jorge Videla saiu de Núnez com o título de campeão mundial, na tarde de 25 de junho de 1978, debaixo de aplausos comovidos de uma nação que se imaginava no caminho certo. E tudo porque Rensenbrink, aquele atacante tão preciso, chutou na trave a bola do jogo, no minuto final, abrindo a possibilidade de uma prorrogação. Se aquela bola tivesse entrado, talvez a história fosse outra. E a vida do matador Videla não seria tão confortável nos meses seguintes ao título.

Mas bateu na trave. Não foi gol. E, na prorrogação, os argentinos ganharam. Não tem como mudar a história. Sócrates estava longe em pensamentos quando Cruyff lhe deu um forte abraço. Enquanto apertava o recém-chegado, o brasileiro pensava nos cariris, em Ghiggia, em José Fonseca e no Toré.

CAPÍTULO 21

O GOL QUE SALVOU VIDAS

"*Vamos, vamos Argentina (Vamos, vamos Argentina) / Vamos, vamos a ganar (vamos, pra ganhar) / Que esta barra quilombera (Que essa torcida bagunceira) / No te deja, no te deja de alentar (não te deixa, não te deixa de apoiar)*"

O Estádio do River Plate fervia. Era dia de final de Copa do Mundo. A de 1978. Fazia sol, apesar do frio. Não cabia mais ninguém no estádio. Papéis picados eram vistos em cada cantinho. A música feita 4 anos antes, para uma propaganda governamental da "Argentina Potencia", por Fernando Sustaita, fora adaptada para aquele Mundial. A nova versão estava no Disco Oficial, Mundial 78. O adaptador era Nestor Rama, que na dupla Nemara y Rimasi, cantava em tom patriótico, o hino daquela festança. Tudo era euforia e alienação. Uma Junta Militar tomara o poder dois anos antes e massacrava, em porões, aqueles que entendessem significar algum risco ao seu poder. Muitos que vibravam com o jogo final tinham parentes desaparecidos. Era difícil

CAPÍTULO 21

decidir se valia a pena torcer pelo time ou não. Mas o clima contagiante da Copa, e a esperança da volta de quem sumiu, uniu a todos naquela tarde.

"Arriba, Argentina (*Para cima, Argentina*) / Argentina (*Argentina*) / Tenemos que ganar (*Nós temos que ganhar*) / Argentina (*Argentina*) / E vamos todos juntos en la festa del Mundial (*E vamos todos juntos, na festa do Mundial*)"

Essa era a música que mais agradava os ouvidos de Jorge Videla, o presidente do país. Ele precisava muito daquela vitória. O politizado povo argentino começava a se incomodar com os sumiços, com a truculência, com os dias de insegurança por todos os lados. A "caça aos comunistas" não tinha qualquer fronteira. Casas eram invadidas, famílias agredidas. A aproximação de qualquer carro assustava os moradores. Eram dias de muito temor. Mas quando a Copa chegou, só se falava de futebol. E a seleção da casa, mesmo sem jogar um grande futebol, e contar com ajudas de árbitros, estava na final.

Videla bajulava o amigão João Havelange, que desfrutava o tratamento real, que sempre julgou merecer. Mesmo com tantas denúncias, contra as evidências do que ocorria no país, manteve a Copa de 1978 para a Argentina. Os ditadores agradeciam.

E foi nesse clima exuberante com o ônibus de José Fonseca chegou a Buenos Aires, com Cruyff como novo passageiro. Muitos cariris estavam juntos. Sócrates, Ghiggia, Puskas, Sindelar e a esposa Camilla também vieram. Barbosa coordenou toda viagem. Garrincha não se dispôs a largar suas brincadeiras lá em cima, especialmente quando soube que não iria jogar. E o jogo corria tenso, quando Kempes fez um gol. A terra tremeu. O ônibus de José Fonseca até saiu do lugar. Tudo caminhava rumo ao título, quando Nanninga, de cabeça, empatou, faltando 8 minutos para o final da partida. Susto, temor, nunca silêncio, mas o coração dos argentinos batia descompassado. O time sentiu o empate. Estava encolhido. Cruyff olhava para os velhos amigos, muito emocionado. Pieter Robert Rensenbrink era um deles. Estava no melhor momento de sua discreta carreira. Era o artilheiro do Mundial com 5 gols. Sendo um deles, o milésimo da competição. Entrara para a história.

O arbitro já fazia sinais de final de jogo. A bola veio até Rob Rensenbrink. Ele entrou pela direita e tentou o chute. Pegou sem jeito. Não estava com a postura correta. Lembrou do amigo Cruyff o gênio que sempre lhe cobrava melhor posicionamento do pé de apoio quando chutasse. E a bola bateu na trave. Só quando soou o apito final os torcedores argentinos voltaram a respirar normalmente. Na prorrogação dois gols dos locais e o título estava com Videla e seus carrascos. Livres para matar.

Mas não desta vez. Agora Cruyff estava por perto. Rensenbrink entrou torto. Mesmo com 80 mil pessoas aos berros, uma voz ficou mais elevada, ou foi a única que o meia atacante holandês ouviu. "Ajeita o corpo, Rob". E ele ajeitou. Nem sabe como pensou naquele movimento, num momento tão decisivo. Bateu com força. Fillol pulou. Tocou de raspão. Mas, não teve jeito. Gol da Holanda.

No momento seguinte só os holandeses comemoravam. O velho narrador argentino, José Maria Muñoz, um mito na transmissão esportiva, relembrou do Maracanazzo. O campo do River era um cemitério. Logo alguém levantou a voz e olhou para a Tribuna de Honra. Viu Videla com um sorriso amarelo. Havelange sem graça.

O momento sofrido trouxe de volta o povo à sua realidade. Agora a polícia tinha grande dificuldade em conter o povo que gritava "assassinos, assassinos", enquanto apontava para Videla e seus comparsas. O policiamento foi reforçado. O circo estava acabado. E terminou em tragédia para os organizadores.

O chute mágico de Rensenbrink ressuscitou o povo oprimido, anestesiado com uma festa linda, mas indevida. A Argentina sangrava seus jovens. As torturas podiam ser ouvidas nas noites frias. Com o gol as sirenes criminosas pararam. Os motores dos aviões dos voos da morte tiveram que ser interrompidos.

Não havia o pano de fundo do futebol para encobrir mais nada. Agora as mães queriam saber de seus filhos desaparecidos. Videla abaixou-se como um cãozinho assustado. Um copo com mijo sujou o terno impecável de Havelange. O clima estava tenso demais.

José Fonseca apenas fez um gesto, chamou seus passageiros e subiu. O ônibus foi descrito como um cometa pelos jornais de Buenos Aires, na manhã seguinte. Cruyff sorria. Barbosa gargalhava. Sócrates imaginou que aquela mudança poupou muitas vidas. Sem o título de campeão do mundo, os militares tiveram vida bem mais curta no poder. Caíram de pobres, meses depois. E a vida seguiu como devia no belo país sul-americano.

CAPÍTULO 21

Na chegada à porta do Panteon dos Injustiçados, perceberam que havia um número muito menor de pessoas. Os 30 mil agora eram pouco mais de 10 mil. Muitos ainda. Mas menos 20 mil sofrimentos, tristezas, desaparecimentos. No inferno, Videla não entendia nada. Sua farda fora violada. Onde estava a medalha de campeão do mundo que ele ganhou do presidente da AFA, Associacion de Futebol Argentino? Simplesmente ela não existia mais.

CAPÍTULO 22

O TRI DA TRISTEZA

Enquanto voltavam no ônibus de José Fonseca, Sócrates percebeu que Cruyff tossia muito. Lembrou então, que ele nem mesmo começara seu tratamento de recuperação dos pulmões, que o levaram à morte terrena. Quando subiu, Sócrates passou um período na "Clínica das Luzes Verdes", para reabilitar seu fígado, completamente arrebentado pelos excessos. Também teve um período em reza e meditação e arrependeu-se muito de não ter cuidado do corpo que recebera, para o espaço que deveria ser bem maior na Terra, caso não se entregasse, desesperadamente, ao álcool. O problema de Cruyff eram os cigarros. Mas ele chegou no embalo da recepção dos torturados e mortos da ditadura argentina, quis ver a correção da final de 1978, e assim, continuava portador dos males, que o levaram à morte.

Sócrates ia convidá-lo para o show programado para aquela noite. Percebeu, porém, que não dava. Cruyff foi se cuidar e Sócrates preparou-se para o evento na Estrela Sonora. Essa Estrela é o local onde os grandes artistas ficam, depois que morrem. E os shows são fantásticos. Aquele, Sócrates não

CAPÍTULO 22

perderia por nada. Elis Regina e seu Trem Azul. Claro que com todos os recursos disponíveis no local, era algo extraordinário. Elis chegou voando. Desceu no centro da Estrela. Um coro formado por anjos de todos os tipos seguia ao lado dela e a orquestra de Glenn Muller a acompanhou a partir daquele momento. E vieram as músicas. Upa Neguinho, Falso Brilhante, Madalena. Glenn Muller tocou Moonlight Serenade com Elis fazendo alguns acordes vocais e na sequência deu a introdução de O Bêbado e a Equilibrista.

Três pessoas da plateia começaram a chorar. A empolgação de Sócrates foi diminuindo, percebendo que o som maravilhoso incomodava demais aqueles homens. O auge das lágrimas veio quando Elis subiu o tom e cantou:

"Brasil, meu Brasil / Que sonha, com a volta do irmão do Henfil / Com tanta gente que partiu / Num rabo de foguete / Choram, a nossa pátria, mãe gentil / choram marias e clarices, no solo do Brasil."

Foi então que o ex-jogador notou que o trio que chorava eram o líder estudantil Alexandre Vannucchi Leme, assassinado pelos ditadores brasileiros em 17 de março de 1973, o jornalista Vladimir Herzog, morto em 25 de outubro de 1975 e Manoel Fiel Filho, metalúrgico, também vítima de torturas, sob cobertura dos militares, em 17 de janeiro de 1976.

A música era em memória deles. As marias eram todas as mulheres viúvas dos mais de 300 mortos da ditadura. Clarice é o nome da esposa de Vladimir Herzog. A música de João Bosco e Aldir Blanc, composta em 1979, era um alerta a todos, sobre as torturas nos porões sujos e corrompidos da ditadura brasileira. As promessas não cumpridas, a inflação terrível, a destruição do ensino público, favorecendo empresários de grandes conglomerados privados, que passariam a existir. Em troca de polpudas doações para a Operação Bandeirantes, uma teórica união para "destruir os inimigos do país" e da corrupção direta, o brasileiro deixaria de ter, para sempre, acesso ao ensino público de qualidade, mesmo que previsto na Constituição. Nos anos que se seguiram, os "apoiadores" da ditadura, teriam progresso imenso em seus negócios. E o Brasil atingiria, no começo de 2016, a taxa de 92 % de analfabetos funcionais, ou sejam, pessoas que não conseguem se expressar, ou entender com correção, aquilo que lhes é comunicado, através de números e letras.

Mas, o problema ali, naquele momento, era outro. Sócrates acabara de conduzir um grupo de pessoas para a correção da Copa de 1978. Percebeu que aquele gol de Rensenbrink salvara mais de 20 mil pessoas, tirando dos ditadores, a força do título mundial dos argentinos.

Abraçou Alexandre e perguntou a data de sua morte. Depois fez o mesmo com Herzog e Manoel Fiel. Todos mortos depois de 1970. O tricampeonato, com um futebol maravilhoso, deu aos sanguinários ditadores brasileiros, mais força para continuarem com seus crimes. O olhar de Garrastazu Médici, para a Copa Jules Rimet, na chegada ao Brasil em festa, fora o salvo-conduto de mais atrocidades.

Qual a diferença para a Copa dos argentinos? Nenhuma. O coração de Sócrates bateu descompassado. No lugar onde estava, não eram permitidas medidas parciais, ou injustas. O que valeu para os militares criminosos da Argentina teria que valer também, para os assassinos brasileiros.

CAPÍTULO 23

UM TORTURADOR COM A SELEÇÃO DE 1970

12 de junho de 1968. Seis homens estão reunidos numa sala, no Rio de Janeiro. Em pé, o brigadeiro João Paulo Burnier, encarregado do Setor de Informações do Ministério da Aeronáutica, na ditadura de Costa e Silva. Ao seu redor, o major Gil Lessa de Carvalho, os capitães Loris Areias Cordovil e Roberto Câmara Lima Ipiranga dos Guaranys, o tenente João Batista Magalhães e o também capitão Sergio Ribeiro Miranda de Carvalho.

Burnier expõe um plano terrível. Preocupado com o que definia como "escalada comunista", sugere realizar vários atentados em locais públicos, onde muitas pessoas morreriam, colocando a culpa nos "terroristas de esquerda". Com isso poderia aumentar o grau de repressão e colocar em prática a ideia recebida, via Operação Condor*, de prender, torturar e depois atirar no mar, a 40 metros da costa, todos os envolvidos ou suspeitos de não concordarem com o regime político no Brasil. O local era a sede do Para-Sar, grupamento militar ligado à Aeronáutica, criado,

CAPÍTULO 23

entre outros, pelo capitão Sergio Miranda de Carvalho, para salvar vidas, ou fazer resgates, em locais de difícil acesso e condições precárias. Era um grupo de respeito, o que assustou ainda mais o capitão Sergio, ao ouvir tal exposição. Pior. Burnier fez uma votação e Gil Lessa, Loris Cordovil, João Batista Magalhães e Roberto Guaranys concordaram amplamente com a proposta.

O capitão Sergio Miranda ficou enlouquecido. Contestou tudo aquilo, foi até o Ministério da Aeronáutica, tentou denunciar o plano macabro, mas nada conseguiu. Dois dias depois, reencontrou-se com os companheiros da reunião e todos reafirmaram seus propósitos de seguirem com o planejamento. O capitão Sergio pagou caro. Foi transferido, humilhado, caiu em desgraça na corporação, passando inclusive necessidades financeiras, quando adoeceu. Evitou os atentados. Mas não os voos da morte, no mesmo estilo que os argentinos usariam anos depois, na sua ditadura. Ele não faria, mas os outros, não tinham qualquer oposição.

Menos de dois anos depois, a seleção brasileira, comandada por Zagallo, depois da deposição do comunista, o jornalista João Saldanha da condição de treinador, realizada com enorme sucesso, partiu do Aeroporto do Galeão, rumo à Copa do México. Grandes jogadores, alguma desconfiança popular e vários militares na comissão técnica.

E na chefia de segurança, um dos participantes da reunião de 1968. O agora major, Roberto Câmara Lima Ipiranga dos Guaranys. O torturador. O condutor de voos da morte. O macabro defensor da opressão, que estava incumbido de afastar os jogadores de "jornalistas comunistas", além de fiscalizar e censurar, qualquer ato fora do padrão dos craques brasileiros. O major Guaranys também se sentiu campeão do mundo, após a vitória maravilhosa, por 4 a 1, do Brasil contra a Itália. Estava ao lado do ditador Garrastazu Médici, quando recebeu e abraçou toda

---

*Operação Condor – A Operação Condor (também conhecida como Carcará, no Brasil) foi uma aliança político-militar entre os vários regimes ditatorias da América do Sul – Brasil, Argentina, Chile, Bolívia, Paraguai e Uruguai com a CIA dos Estados Unidos, nas décadas de 1970 e 1980 – criada com o objetivo de coordenar a repressão a opositores dessas ditaduras, eliminar líderes de esquerda instalados nos países do Cone Sul e para reagir à OLAS, (Organização Latino-Americana de Solidariedade), criada por Fidel Castro.

delegação brasileira. Não eram poucas as mortes atribuídas a ele. Mas isso não tinha nenhuma importância. Agora era desfrutar da conquista. O povo brasileiro tinha seu circo, sua alienação, e até sua marchinha de "guerra". A música de Miguel Gustavo encobria qualquer choro de mãe de desaparecido.

"Noventa milhões em ação / Pra frente, Brasil / Do meu coração / Todos juntos, vamos / Pra frente, Brasil / Salve a seleção / De repente é aquela corrente / Pra frente / Parece que todo Brasil / deu as mão / Todos ligados na mesma emoção / Tudo é um só coração. / Todos juntos vamos / Pra frente, Brasil, Brasil / Salve a seleção."

O Hino da Copa de 1970 veio através de um concurso, organizado pelos patrocinadores das transmissões dos jogos do Mundial, que pela primeira vez seria vista ao vivo, pela televisão no Brasil. Esso, Souza Cruz e Gillette, além de uma cervejaria, um torturador e a seleção de 1970 emprestaram seus nomes, investiram pesado e fizeram o concurso em parceria com a Rede Globo. E o país vibrou de emoção.

A transmissão dos jogos era única para todo o Brasil e os locutores da Record, Globo, Bandeirantes e Tupi, revezavam-se nas locuções, divididas em 3 tempos de 30 minutos para cada um. O mesmo processo valia para as rádios, também com som único e revezamento de narradores e comentaristas.

Coube a Fernando Solera pelas televisões e Joseval Peixoto pelas rádios, a felicidade de transmitirem os últimos 30 minutos de Brasil e Itália, naquele 21 junho de 1970. Quando assumiram os microfones no Estádio Azteca, o jogo estava 1 a 1. Meia hora depois vibravam com a goleada e o título. Médici e seus cúmplices na ditadura ficaram eufóricos. Agora estavam livres para agir. O povo iria para as ruas comemorar a grande conquista. Tinham coisas mais alegres com que se preocupar. E deixariam com os militares, a missão de "governar" o país, como bem entendessem.

Montada por iniciativa do governo chileno, a Operação Condor durou até a redemocratização, na década seguinte. A operação, liderada por milita-

CAPÍTULO 23

res da América Latina, foi batizada com o nome do condor, abutre típico dos Andes que se alimenta de carniça, como os urubus.

Maria Bethânia, cantora que surgiu no meio dos anos 60, consagrou-se com a música Carcará, referência direta, porém ininteligível à maioria da população, aos crimes cometidos por essa Operação Condor, ou Carcará, no Brasil. O refrão ficou famoso:

"Carcará pega, mata e come."

CAPÍTULO 24

90 MILHÕES SEM AÇÕES

Brasileiros eram torturados e mortos em porões da ditadura militar. O deputado Márcio Moreira Alves, em discurso na Câmara dos Deputados, no dia 2 de setembro de 1968, falou fortemente sobre o tema na tribuna. Era o pretexto que os militares queriam. Redigido por Gama e Silva, então Ministro da Justiça, o Ato Institucional Número 5, foi assinado pelo ditador Costa e Silva e tirou dos brasileiros todos os seus direitos básicos, inclusive de votar, de ler, ouvir ou ver o que bem entendessem. Também ficava proibido ir ou filiar-se a sindicatos. Fechou-se o Congresso Nacional e tomavam-se, a partir de então, medidas judiciais, independentemente, de apreciações de juristas, gerando insegurança jamais vista no país.

A corrupção era enorme. Grandes grupos foram privilegiados inclusive no setor de ensino. Beneficiados pelo desmoronamento das magníficas escolas públicas federais, estaduais e municipais, que de modelos de aprendizado, passaram a não receber mais aportes financeiros e logísticos, surgiram os grandes empresários do ensino particular, sem qualquer compromisso social, que leva-

CAPÍTULO 24

ram o Brasil ao atual estágio, onde 92,8% da população é analfabeto funcional. Destruiu-se o pensamento de uma nação. Nenhum crime pode ser maior.

E com o AI 5 havia liberdade total de ação para as torturas, prisões, mortes, desaparecimentos, clima de terror, censura e especialmente, alienação. Noventa milhões de alienados viram a seleção brasileira pela primeira vez, ao vivo, pela televisão, jogar uma Copa do Mundo, em 1970, em televisões preto e branco. Os militares, em seus postos especiais, tinham transmissões coloridas. Nessa altura, Costa e Silva já estava morto e fora trocado, pelos próprios militares, por um gaúcho, torcedor do Grêmio, que adorava falar de futebol e dar palpites na seleção. Garrastazu Médici.

Quando ele assumiu, João Saldanha era o técnico. E detestava os militares. Não perdia oportunidade de alfinetá-los. Médici pediu Dadá Maravilha na seleção. Saldanha respondeu:

— Eu não me meto no seu ministério, ele que não se meta na minha seleção.

Saldanha caiu por desentendimento com os jogadores. Seu temperamento difícil impediu que chegasse à Copa. O conciliador Zagallo veio e achou lugar para grandes craques, montando um time maravilhoso. Os ditadores aproveitaram para usar a euforia da Copa do Mundo a favor do regime de força. Inventaram o "milagre brasileiro". Deram espaço para políticos nefastos, que até hoje estão no nosso meio e começaram como "biônicos", ou seja, indicados e não eleitos pelo povo. A seleção ganhou. Eles aproveitaram tudo aquilo. Quem não concordava foi perseguido. Muitos morreram. Como na Argentina antes e depois da Copa de 1978. Especialmente depois, com os militares, ajudados pelo título. Como Mussolini em 1934 em 1938. Os jogadores não tiveram culpa, mas os ditadores assassinos usaram o futebol para matar, corromper, iludir, alienar, desaparecer com pessoas. E Isso não poderia ficar assim.

Ghiggia chamou José Fonseca. O ônibus chegou. Sócrates estava triste. Barbosa pela primeira vez não gargalhou. Nem sorriu. Puskas estava calado. George Best nem acreditava no que via. Até Garrincha parou de brincar, quando eles saíram rumo ao México. Justiça é justiça e precisa ser feita. Nem que craques maravilhosos paguem por ela. Era hora do Toré na Copa de 1970.

CAPÍTULO 25

O ERRO DO DITADOR

Quando o ônibus celestial chegou ao México o dia 13 de junho de 1970 estava terminando. Numa sala dois homens conversavam em voz baixa. João Havelange, presidente da CBD, Confederação Brasileira de Desportos e seu amigão Guillermo Cañedo, grande responsável pela realização da Copa do Mundo no México. Cañedo queria o Brasil na final e Havelange pedia ajuda para mexer no regulamento. Antes já convencera o mexicano e a Fifa a começarem a Copa mais cedo do que o normal. O início em 31 de maio ajudou bastante o futebol brasileiro, que pôde se preparar à vontade nas regiões altas do México e por um longo período.

Os europeus terminaram suas competições e chegaram em cima da hora. Não tiveram tempo para nada. A condição física dos jogadores brasileiros era um diferencial muito claro nos jogos. Sempre, no segundo tempo, o Brasil jogava bem mais que seus adversários. Agora, Havelange queria continuar em Guadalajara. Primeiro porque a cidade adotara o Brasil. E segundo porque o futuro adversário, União Soviética ou Uruguai, estava mais

CAPÍTULO 25

ambientado à altitude pelos jogos da primeira fase. Apesar de ter chegado antes e treinado em Guanajuato, ponto mais elevado, o Brasil não disputou nenhum jogo oficial em cidades de maiores altitudes. E a semifinal estava marcada para a cidade do México com 2.240 metros de altura.

Cañedo sabia disso. Ele fizera o regulamento. Era hora de mudar as atrações. A equipe de Guadalajara sairia e os que não tinham jogado lá seriam mostrados ao público da região da Jalisco, estado cuja capital recebera o Brasil. Mudar agora seria casuísmo. Mas e daí? Acordo entre amigos é acordo entre amigos. E eles resolveram fazer a mutreta. Na calada da noite. Para anunciar só depois.

Só não contavam com Ghiggia. Ele viu tudo. Avistou do ônibus de José Fonseca. Correu até o quarto de Pedro Rocha, o maravilhoso jogador, que fraturara a perna no jogo contra Israel no começo daquela Copa. Rocha agora, no momento em que ocorria o Toré, também estava no plano celestial. E foi feita a conexão de tal forma, que o segredo de Cañedo e Havelange saiu na capa de todos os jornais do dia 14 de junho. Antes dos jogos acontecerem. E aí a trama caiu por terra.

Fosse quem fosse o adversário do Brasil, caso os brasileiros ganhassem do Peru naquele dia, a semifinal seria na altitude da cidade do México. Nada de seguir em Guadalajara. Havelange culpou Cañedo. Cañedo só perdoou Havelange, quando anos depois ganhou outra Copa no México, em 1986, já com o brasileiro presidente da Fifa.

O Uruguai venceu a União Soviética por 1 a 0 na prorrogação. O Brasil bateu o Peru por 4 a 2. Mas teve duas más notícias. Pelé se contundiu seriamente. Estava fora da semifinal contra os uruguaios. E a festa de Guadalajara estava acabada. A semifinal iria mesmo para a cidade do México. Zagallo perdeu o sono. Tinha boas opções no banco. Ninguém como Pelé. Mas o que o deixou desesperado foi o recado do major Guaranys, o torturador, chefe da segurança. Médici queria Dario como titular.

CAPÍTULO 26

O MARAVILHOSO DADÁ

Dario José dos Santos é daqueles simplórios que todo mundo gosta. Foi pintor de paredes, cometeu pequenos furtos, viveu na Febem, local onde eram detidos meninos problemáticos, e apareceu no futebol com frases de efeitos e gols estranhos, que marcaram época. Carioca, explodiu no Atlético Mineiro. Dava nome aos gols que "marcaria" nos finais de semana. Mas suas previsões de gols não eram vistas como ofensivas. Ao contrário. Todo mundo esperava por elas e se divertiam com as brincadeiras. Dario era uma atração do futebol brasileiro no final dos anos 60 e começo de 1970. Suas frases ficaram para a história:

"Para a problemática do gol, eu tenho a "solucionática""
"Só três coisas param no ar: helicóptero, beija-flor e Dadá."
"Não existe gol feio. Feio é não fazer gol."
"Com Dadá em campo, não há placar em branco."
"Chuto tão mal que no dia que eu fizer um gol de fora da área, o goleiro tem que ser eliminado do futebol."

CAPÍTULO 26

"Quando eu saltava, o zagueiro conseguia ver o número da minha chuteira."

A simpatia de Dario rendia grandes entrevistas. E de fato ele fazia muitos gols. Mas seu estilo não combinava coma técnica refinada do time de 1970. Quando Pelé se contundiu no jogo contra o Peru, o natural seria a entrada de Paulo César Caju. Ou Edu. Ou até mesmo Roberto Miranda. Nunca Dario, que fora convocado mais pra agradar o ditador do que pelos seus dotes de futebolista. Mas o bilhete do major Guaranys queima nas mãos de Zagallo.

A vitória contra o Peru foi tranquila, mas a notícia de que o Brasil teria que deixar Guadalajara surpreendeu a todos. O arrogante João Havelange, já antecipara que conseguiria manter o time na região de Jalisco. Confiava na força que tinha com os organizadores. Não entendera como a notícia da conversa de bastidores com o amigo Cañedo vazara para os jornais estragando tudo. O regulamento seria cumprido.

A delegação brasileira viajou para a cidade do México no dia 16 de junho. Na chegada muito jogadores perceberam a diferença. A altitude judiou da maioria. Dores de cabeça. Estômago revirado. É verdade que alguns ficaram bem. Boa parte, porém, alimentou-se mal. Dario teve insônia. Mas não se preocupou muito. Sabia que estava fora dos planos de Zagallo para o jogo contra o Uruguai. Estava mesmo? Ele e todos levaram um enorme susto quando a escalação foi afixada na entrada do restaurante na manhã do dia 17. Dario, o simpático Dadá Maravilha, iria substituir Pelé na partida contra o Uruguai. Ninguém entendeu nada. Paulo César Caju ficou indignado. Os jogadores mais experientes convocaram uma reunião de emergência. Zagallo não quis conversa. Era uma estratégia que eles iriam entender depois. O Brasil teria um centroavante fixo, coisa que não usara em toda Copa. O major Guaranys sorriu no fundo do salão. Médici soube em Brasília que sua ordem fora cumprida. "Melhor assim", pensou ele.

Convocou uma coletiva de imprensa para falar de futebol. Tentando ser simpático, o ditador deu seu palpite para o jogo da semifinal contra o Uruguai que se jogaria horas depois. "O Brasil vai vencer por 3 a 1. E Dario vai fazer 2 gols". Os puxa-sacos de plantão aplaudiram.

CAPÍTULO 27

DE NOVO O URUGUAI

Não estava fácil para a seleção brasileira jogar na altitude. Claramente a adaptação dos uruguaios era maior. Afinal, desde o começo da Copa, seus jogos tinham sido em Puebla, a 2.124 metros de altura. Pouco menos de 100 metros da cidade do México. O Brasil estava em Guadalajara, 1.000 metros abaixo e sentia a diferença desde o começo. E os uruguaios fizeram o jogo anterior contra os soviéticos nesse mesmo estádio, o Azteca, onde agora enfrentavam o Brasil. O ritmo de jogo era forte e o calor também. Luis Cubilla, um ponta rápido e experiente, procurava impor sua velocidade. Estava difícil para Everaldo, o lateral esquerdo do Brasil, segurá-lo. E aos 19 minutos, o ponta recebeu uma bola longa, como Ghiggia em 1950. Chutou mascado. Pegou mal, como já ocorrera há 20 anos. E da mesma forma o efeito enganou o goleiro brasileiro. Gol do Uruguai.

Só que dessa vez não havia um público de 200 mil brasileiros. O Azteca lotado estava dividido. Tinha muito tempo pela frente. A seleção brasileira tentava jogar. Não dava. Dario estava perdido lá na frente. Não havia to-

CAPÍTULO 27

que de bola. O centroavante precisa de espaço para jogar. Ancheta, zagueiro uruguaio que tempos depois jogaria no Brasil, nada permitia. E o cansaço e desânimo ficavam evidentes entre os homens de Zagallo.

Clodoaldo ainda acertou uma bola na trave no final do primeiro tempo. Mas foi o único lance lúcido da seleção brasileira. Havia um clima de preocupação. O vestiário estava tenso. Dario pediu para sair. Estava muito cansado. A cabeça doía. Sentia demais os efeitos da altitude. Guaranys estava ao lado, de braços cruzados, com expressão de desaprovação. A saída de Dadá foi desconsiderada. Carlos Alberto Torres reclamou em voz alta. Gerson deu um berro, dizendo que assim ficaria difícil, enquanto fumava seu segundo cigarro. A volta para o gramado foi debaixo de muita tensão.

No segundo tempo, ao contrário dos outros jogos, o Brasil caiu fisicamente. Se em Guadalajara a condição física prevalecia, na altitude, ao contrário, os uruguaios levavam vantagem. Ubinas, Montero, Morales, Cubilla, Manero, Fontes, procuravam tocar a bola de um lado para o outro.

O goleiro Mazurkiewicz assistia ao jogo tranquilo. Gerson lançava bolas no vazio. Dario corria de um lado para o outro chegando a trombar com Jairzinho, já que o desentrosamento entre os dois era evidente. Tostão tentava organizar o meio-campo ao lado de Rivellino. Mas era tudo improvisado e o ar rarefeito não ajudava. A corrida contra o tempo também jogava contra.

Nos contra-ataques os uruguaios eram perigosíssimos. Esparrago obrigou Félix a, pelo menos, duas defesas espetaculares. Não fosse por ele, as coisas seriam bem piores. Faltando dois minutos, Zagallo olhou para Paulo César Lima que fez um gesto em "O" com a mão. Agora era tarde demais. Mais uma vez a interferência política, como em 1950, derrotara o Brasil. Os uruguaios se abraçavam. A classificação para final estava próxima.

A comissão técnica brasileira sentou-se no banco. O juiz apitou o final do jogo. Deu Uruguai. O Brasil, o favorito, estava eliminado. Restava brigar pelo terceiro lugar. Os jogadores estavam exaustos. Não entendiam o que tinha acontecido. As camisas celestes eram arremessadas para o ar, como se o pesadelo de 20 anos atrás estivesse de volta. Com a mesma intensidade.

CAPÍTULO 28

O PRIMEIRO TÍTULO DA ITÁLIA E O BRASIL QUASE TOMA DE 7

Os jornais brasileiros do dia 21 de junho de 1970 não tinham palavras para enaltecer Félix. O goleiro da seleção brasileira de 1970 fez, no dia anterior, uma das maiores partidas da história das Copas do Mundo. O Brasil perdeu da Alemanha por 1 a 0, gol de Gerd Muller. Ficou apenas com o quarto lugar. Mas não fosse por ele, teria sofrido um vexame histórico. Félix evitou que o time nacional sofresse uma goleada assustadora. Fez, pelo menos 10 defesas impossíveis. Parece que Barbosa estava ao lado dele. E cá entre nós, estava mesmo. Já que não havia jeito de evitar o Toré e o Brasil teria que perder a Copa por questão de justiça, Barbosa teve permissão para dar uma "mãozinha". E como ajudou.

Dos quatro pênaltis que Félix defendeu, dois foram empurrados por Barbosa. Claro que Félix estava muito inspirado. Mas nenhum ser humano conseguiria fazer o que ele fez sozinho. O Brasil não jogou. Levou um baile absurdo. Era para terminar o primeiro tempo, pelo menos, com 5 a 0 para a

CAPÍTULO 28

Alemanha. E convenhamos que isso não é futebol brasileiro. Barbosa e Félix evitaram esse papelão. No segundo tempo até que as coisas melhoram. A Alemanha maneirou e quase o Brasil fez um gol. Digamos que o jogo poderia ter sido 7 a 1 para a Alemanha. Mas o Brasil não pode perder de 7 a 1 numa Copa do Mundo para ninguém, correto? Obrigado, Félix. Obrigado, Barbosa. Vocês evitaram que Brasil fosse motivo de chacota mundial. O quarto lugar na Copa do mundo veio, inesperado, mas sem desonra.

No domingo dia 21, Itália e Uruguai entraram para a final da Copa de 1970. O Uruguai ainda lamentava não ter Pedro Rocha. A Itália vibrava com a vitória histórica frente a Alemanha. E fez 1 a 0. Mas falhou num lance bobo e sofreu o empate. O mundo ficou no aguardo do segundo tempo. Quem teria mais fôlego num campeonato jogado na altitude e com temperaturas altíssimas? O time mais preparado, o Brasil, estava eliminado. E agora, o que iria acontecer?

Os 20 minutos finais foram lindos. Os italianos mostraram mais frieza. Os gols saíram com naturalidade. Sandro Mazzola comandou o time. Riva e Rivera estavam brilhantes e nem pareciam sentir o cansaço absurdo da prorrogação contra a Alemanha.

Os gols foram saindo e desmoralizando os uruguaios. Foram três gols maravilhosos. O estádio vibrava. Os veteranos craques do Torino, mortos em Superga em 1949, estavam emocionados lá em cima. Os meninos de 1970 tinham a inspiração deles, naquela tarde, na cidade do México. A magia daquele futebol fora transferida das camisas vermelhas do Torino para as azuis da seleção.

A Itália sempre sonhara com um título mundial de futebol. Não fosse a desgraça, do acidente aéreo, com o maior time italiano de todos os tempos, talvez esse sonho já tivesse chegado antes. Mas agora, nada mais importava. O pai de Sandro, Valentino, um dos mortos no time torinense, vibrou mais do que qualquer um, quando o filho fez o quarto e decisivo gol. Os dois choraram juntos. Pai e filho. Itália campeã. Na Terra e no Céu.

Barbosa deu sinal para José Fonseca. O veículo celestial retomou seu caminho. A justiça estava feita. Mais uma ditadura derrotada. Mais um time maravilhoso, não a Itália de 1970, mas o Torino de 1949, podia comemorar um título mundial. Graças a força do Toré dos cariris.

CAPÍTULO 29

O ACIDENTE QUE DESTRUIU O TORINO

Quando o ônibus celestial chegou, a festa era enorme. Os italianos vibravam. Impossível determinar o número de espíritos presentes. No centro da alegria, o time do Torino da década de 40. Aquele que morreu no acidente de 6 de maio de 1949.

Sentado a pequena distância, curtindo tudo, o grande repórter brasileiro Reali Júnior. Ele também fora vítima da ditadura, mas se deu muito bem ao ter que deixar o Brasil para não ser preso e torturado pelos militares. Refugiado na França, fez de Paris seu lar avançado e retiro de muitos compatriotas, às margens do Sena, junto à Maison de la Radio.

Copo de vinho na mão, Reali lamentava a derrota brasileira, mas, como o grande repórter que sempre foi, queria conhecer a história da queda do avião de 1949. Aliás, ele só se fixou em Paris por causa da queda de outro avião, o que matou o cantor brasileiro Agostinho do Santos, próximo ao Aeroporto de Orly, em 1973, meses depois de sua chegada a Paris. Eram tempos sem internet e sem correspondentes internacionais. Seu trabalho foi tão bri-

CAPÍTULO 29

lhante que veículos brasileiros resolveram contratá-lo e mantê-lo na Europa.

Orly teve sobreviventes. Reali conversou com eles. Superga não. Reali queria saber o que houve naquela tarde em Turim. Afinal o avião que caiu era novo, perfeito. O piloto tinha experiência de participação na Segunda Guerra Mundial. E trazia figuras nobres. Seus ídolos. O que teria ocorrido, afinal?

Por ora, tinha que esperar. A conversa corria solta na comemoração. De repente, agitação. Chegou o trompetista Oreste Bolmida. Foi aplaudido e carregado pela multidão. Quando os jogadores o viram, começaram a gargalhar.

Ele sabia o que aquilo significava. Imediatamente passou a fazer o toque de "assalto da cavalaria". Quando Oreste fazia isso, exatamente entre os quinze e os trinta minutos do primeiro tempo de todas as partidas do Torino dos anos 40, no velho Estádio Filadélfia, onde a equipe mandava seus jogos, o ritmo do time ficava mais intenso. E saíam vários gols. Nenhum time suportava a terrível pressão. Grandes goleadas eram iniciadas através do toque de Oreste Bolmida.

Dessa vez, seu sinal indicou muito vinho para todos. E gritos. E pulos. Como a bebida celestial não embriaga ninguém, a festa foi animada, feliz e cada vez mais agradável. Reali Júnior, genial como sempre, esperou o momento certo. E ele veio quando Valentino Mazzolla resolveu dar uma respirada sozinho. Reali fez uma saudação em português. Mazzolla sorriu. Começaram uma conversa. E logo o italiano passou a contar a dramática história do último dia de sua vida na Terra.

Pediu apenas para saírem um pouco de lado. Mesmo depois de tantos anos, ele ainda se emocionava muito com tudo aquilo. Fora doído demais. Dramático demais. O mundo desmoronou do nada. Um segundo antes ele era um homem especial. Instantes depois, pó misturado com restos de avião e pedaços de uma parede de igreja.

Seu corpo foi sepultado por amostragem. Na verdade, todos foram juntos. E as sepulturas estão lá apenas por formalidade. Não sobrou nada. Até o time se dissolveu naquele final de tarde. De melhor da Itália virou equipe de segunda linha. Até o Estádio Filadélfia, com o tempo, não foi mais usado. A seleção da Itália, com medo de novo desastre aéreo, viajou de navio para a Copa do Mundo do ano seguinte no Brasil. E fracassou. Era frágil. Os grandes jogadores estavam mortos. Todos tinham jogado na Squadra Azurra. Num mesmo jogo, chegaram a atuar dez juntos. Não foi a verdadeira Itália que veio. Não dava para fazer nada.

Meses antes do acidente fatal, o Torino esteve no Brasil. Aí sim se viu o grande futebol italiano. Ao contrário da tradição deles, era um jogo ofensivo, forte, avassalador. Por onde passou arrancou aplausos e simpatia. Na cidade de São Paulo, os italianos choravam de emoção vendo a equipe atuar.

Já a seleção de 1950 foi xingada. Teve o ônibus fechado pela torcida, que cobrava dos atletas aquilo que eles não podiam dar. Eles não eram os jogadores do drande Torino.

Valentino Mazzolla respirava fundo e via um filme passar em sua cabeça. Estava muito alegre porque, afinal, horas atrás, seu filho Sandro fora campeão do mundo. Ele também poderia ter sido. Fora muito mais jogador que o garoto. Mas a vida não é bem assim. Aquele avião estava no seu destino terráqueo. E Reali Júnior iria saber como tudo aconteceu, na fatídica tarde de 6 de maio de 1949, dentro de um avião da Fiat.

CAPÍTULO 30

O FIM EM POUCOS SEGUNDOS

Fiat, Fábrica Italiana Automobili Torino. Ou seja, trata-se de uma empresa que fabrica carros e não aviões. Então, como os jogadores do Torino morreram num avião da Fiat?

Tudo passa pela Segunda Guerra Mundial. Na insanidade da guerra, não só a Fiat, mas a Ford, a Mitsubishi, a Subaru, a Mustang, a Citroen, a Mercedes-Benz e a Honda partiram para a construção de aviões de guerra. No caso da Fiat, criaram-se os modelos G. O mais moderno, o G 55, produzido em 1942, contava com quatro metralhadoras na fuselagem e um canhão no eixo central do rotor. Num segundo momento, duas metralhadoras foram removidas e substituídas por dois outros canhões, um em cada asa. Era um caça eficiente, que chegou a ser exportado no pós-guerra. E vários modelos foram feitos para o transporte de passageiros.

O avião da tragédia era um Fiat G 212, prefixo I-ELCE, da Avio Linee Itáliane (Alitália). Aliás, a própria Alitália, sigla formada a partir de Ali (asas em italiano) e Itália, fez seu voo inaugural no dia 5 de maio de 1946, com um

CAPÍTULO 30

avião também da Fiat, o G – 12 Alcione, no percurso Torino, Roma, Catânia. Quando o avião do Torino saiu de Lisboa, passava um dia do terceiro aniversário da empresa. A guerra terminara com derrota do Eixo (Alemanha, Itália e Japão). O país vivia uma crise econômica terrível. Só tinha um motivo de orgulho. O melhor time de futebol do planeta era italiano. O Torino!

Então, a Alitália tratou de escolher o seu melhor piloto, Pierluigi Meroni, para conduzir aqueles nobres jogadores. Experiência não lhe faltava. Nem coragem. Combatera na Segunda Guerra, como poucos. Conhecia o avião em detalhes. Amava o futebol e o Torino. Depois de viver durante anos entre bombardeios e violência, agora era testemunha de jogos de futebol maravilhosos. E ainda transportava os grandes campeões italianos para todos os lados. Tinha orgulho de seu trabalho. Era amigo deles. E todos confiavam na sua competência.

Valentino Mazzola falava com Reali sobre Meroni, quando ele chegou. Seu espírito era triste. Nunca se perdoara pelo que acontecera na Terra, mesmo depois de tanto tempo. Muitos o culparam pelo acidente. Sua família passou a ser destratada. O nome virou sinônimo de fracasso e incompetência. Não conseguia descanso, nem paz.

Valentino apresentou Meroni a Reali. O sorriso foi sem graça. O assunto incomodava o piloto. Mas, aos poucos, com seu maravilhoso talento, o grande repórter foi deixando o entrevistado à vontade.

— O voo saiu do Aeroporto de Portela, em Lisboa, dentro do horário previsto, 9:52. Tudo estava normal. Éramos trinta e uma pessoas, dentre as quais os dezoito jogadores. O clima era de alegria a bordo, apesar da derrota no jogo contra o Benfica. Não dá nem para dizer que foi uma derrota, foi uma homenagem ao Francisco Ferreira, capitão do Benfica.

Reali percebeu que Valentino deu um cutucão e um chute no piloto. Segredos de gentilezas devem permanecer ocultos. Meroni riu e prosseguiu.

— Chegamos a Barcelona às 13:15. Dentro da normalidade. Era preciso fazer um reabastecimento. Fico imaginando a facilidade que essa meninada tem hoje, lá embaixo. No meu tempo era complicado. Mas eu adorava aquilo. Pilotar o G. 212 era bem tranquilo. Duro era encarar o G-55, com balas de canhões e tiros de metralhadoras passando por todo lado. A gente desviava e atirava ao mesmo tempo. Uma loucura diária – disse Meroni. E continuou:

— Às 14:50 estava tudo em ordem. Fomos autorizados e saímos para Torino. O tempo estava bom. Durante o trajeto, em poucos segundos as coisas mudaram. Mas isso também é natural. Passei por várias tempestades, nevascas, ventanias. Faz parte do trabalho. Não há problema. Mais ainda com um avião como aquele.

Meroni estava emocionado. Apesar de não ter mais um corpo humano, suas atitudes lembravam uma pessoa tensa. Parecia que ia chorar. Mas recompôs-se e continuou:

— Olhei no relógio: 16:59. Em vinte minutos estaríamos no solo. Avisei a torre de comando que estava iniciando o procedimento de descida. Às 17:02, eles passaram o boletim meteorológico: "Nebulosidade intensa, rajadas de chuva, visibilidade horizontal abaixo de quarenta metros, quinhentos metros de nuvens". "Muito obrigado. Estamos chegando", respondi. Meroni como que toma fôlego e prossegue:

— Isso é rotineiro. Foram várias situações, até piores, pelas quais já passei. Sem problema. E eu estava muito tranquilo. Às 17:02 ainda fiz um pedido. Estamos abaixo das nuvens. Chegamos em vinte minutos. Vai preparando um café. Riu amarelo e prosseguiu:

— Tudo muito normal. Manobras naturais. Descida no visual, mesmo com baixa visibilidade. Lutei na guerra. Fazia isso sob bombardeio. E minha família também me esperava. Não faria nada que imaginasse que fosse ruim, inclusive para mim.

Seu semblante mais triste agora. Prosseguiu o relato:

— Mas algo estranho aconteceu. E não fui eu. Vi a Basílica. Sabia que ela estava lá e desviei, é claro. Aí o avião ganhou um peso anormal. A asa

CAPÍTULO 30

esquerda foi se envergando de forma esquisita. Aquilo não tinha explicação. Era como se um peso muito grande estivesse sobre ela, gerando um desequilíbrio sobre o avião. Fiz o que pude. Não perdi a calma. Já tinha passado a Basílica, mas o peso desigual me levava de volta em direção a ela, ao muro de trás. Lutei até o fim. Fiz o que pude. Mas perdi.

Um padre que estava lendo dentro da Basílica não estranhou o barulho dos motores sobre o local. Estava acostumado. Mas o estrondo terrível, seguido de um horrendo tremor de terra, deixou claro a ele que algo muito grave tinha acontecido. Saiu e foi o primeiro a testemunhar a tragédia. Só não sabia quem eram os passageiros. E que aquele momento mudaria, para sempre, o futebol do Torino e da região.

Pierluigi Meroni contou sua história e ficou calado. Reali e Valentino Mazolla respeitaram o momento. Alguns segundos depois, o brasileiro deu um abraço no piloto. E ele fez um desabafo:

— Como eu gostaria de ter nascido algumas décadas depois. Os meninos de hoje jamais teriam caído com o avião.

Reali sorriu.

— Não é bem assim.
— O quê? — surpreendeu-se o comandante Meroni.
— Pouco tempo antes de eu morrer, um mega-avião lá da Terra teve o mesmo problema que o seu. E olha que uns sessenta anos após o seu acidente.
— Como é? — aproximou-se Meroni.
— Foi na rota Rio -Paris. E com piloto automático!

Reali sorriu, percebendo que, mesmo morto, o comandante tinha todas as informações atualizadas da sua profissão na Terra.

— Era um Airbus A 330. Com 228 pessoas a bordo. Cheio de computadores, muita tecnologia e gente que passou anos com estudos nas melhores escolas do mundo. O avião entrou numa nuvem carregada, seguindo o que a automação mandou. Ou seja, a tecnologia mais moderna, de 2009, tomou a mesma decisão que você tomou, sozinho, em 1949. Isso significa que os dois aviões poderiam e deveriam ter suportado as adversidades do tempo. O seu e o Airbus. Mas não foi assim. Nem num caso, nem no outro.

Depois de uma pausa, prosseguiu:

— É que existem coisas maiores do que a gente. E aqui em cima estamos vendo isso. Repare nesse mundo maravilhoso, nesses seres superiores e no Ser Maior, que não vemos mas sentimos a cada instante. Há fatos que precisam ocorrer. Eles estão programados. Até para atender o desejo e a evolução de quem os pediu. E é preciso gerar o fator morte.

Meroni olhava ávido esperando a continuação do relato.

— Imagine quantos aviões passam em nuvens como aquelas do Airbus! E somente naquele dia os sensores de velocidade registraram valores conflitantes, por causa de congelamento. Da mesma forma que a asa esquerda do seu avião pendeu demais para um lado, porque deve ter atingido alguma nuvem mais pesada. Ou um pouco de gelo acima do normal. Ou talvez neve. Mas pegou naquele lugarzinho, naquela hora e daquele jeito. Meu amigo, é que tinha chegado o fim. Tinha que ser assim. Era preciso. Por quê? Não sei. Só os Maiores que nós podem responder.

Meroni não se mexia. Parecia aliviado de uma culpa que, imaginava, nunca iria abandoná-lo. Começou a entender que não tinha poder sobre aquelas vidas. Que fora apenas condutor de uma situação necessária. Afinal, analisando toda a situação, aquele jogo nem deveria ter sido realizado. Estavam perto de decidir o campeonato italiano, e o racional era não permitir um simples jogo amistoso. Mas permitiram.

E, ainda assim, poderiam ter mandado apenas alguns astros do time para a festa. Não! Foram todos. O grande time estava inteiro no avião infeliz. E ainda, ironia do destino, a equipe mais vitoriosa da história da Itália terminou sua existência perdendo. O resultado daquele famigerado amistoso contra o Benfica foi 4 a 3 para os portugueses. Os fatos estavam postos. Não havia volta. Menos num detalhe que chamou a atenção de Ghiggia,

CAPÍTULO 30

que chegava feliz com mais uma injustiça corrigida. Francisco Ferreira fora o homenageado. Mas sentia muito remorso pela morte dos seus amigos do Torino. Talvez fosse o caso de diminuir, pelo menos um pouquinho, um dos seus arrependimentos.

Os cariris foram consultados e concordaram. José Fonseca chamado. A viagem seria longa, mas valia a pena. O ônibus celestial, dessa vez, teve lotação plena. E, a seu lado, um pequeno avião fazendo sobrevoos. Reali Júnior convenceu Pierluigi Meroni a participar do evento com seu primeiro avião, o Fiat G-55 Centauro de dois lugares. E até aceitou ir junto no voo. O maravilhoso time do Torino foi no ônibus de José Fonseca de volta para Lisboa. Dava para acertar, pelo menos, parte das contas com o destino. Um time como aquele não poderia terminar perdendo. De jeito nenhum. Toré.

CAPÍTULO 31

A TRÁGICA FESTA

Quando o ônibus de José Fonseca chegou ao Estádio de Campo Grande, em Lisboa, Francisco Ferreira até se ergueu. A visão era deslumbrante. Os cartazes do evento estavam espalhados por todos os lugares, em honra a Chico Ferreira, como diziam os torcedores. Quarenta mil pessoas. E isso em 1949. E também porque era a capacidade plena do estádio. O Torino era uma atração incrível. E Chico Ferreira, amado pelos torcedores do Benfica.

Ficaram flanando pelo local. Eram invisíveis aos olhos humanos. Isso ajudava nas observações. Ferreira foi ao vestiário do Benfica e sorriu, lembrando que naquele dia jogaram de branco. O grená do Torino era uma das atrações daquela máquina de jogar futebol. As escalações estavam postas:

Benfica: Contreros, Jacinto, Fernandes, Morira, Félix, Ferreira, Corona, Arsênio, Espiritosanto, Melão e Rogério.

CAPÍTULO 31

Torino: Bagicalupo, Ballarin, Martelli, Grezar, Rigamonti, Castigliano, Menti II, Loik, Gabetto, Mazzola e Ossola.

O jogo começou sob grande euforia. E a máquina do Torino não decepcionou. Logo aos 9 minutos, Ossola fez 1 a 0. Melão empatou aos 23. A torcida vibrava. Arsênio virou o jogo aos 33.

Gabetto fez um sinal ao banco de reservas. O técnico do Torino chamou Bongiorni. Ele entrou e empatou na primeira bola que recebeu, aos 37 minutos. Ainda comemorava, quando Melão marcou de novo. 3 a 2 para o Benfica. O primeiro tempo terminou com o público aplaudindo e gritando emocionado.

No segundo tempo, dentro das normas de jogos festivos, Contreros foi substituído por Machado no gol do Benfica, Batista entrou no lugar de Corona, e Julio, no lugar de Espiritosanto. No Torino, apenas Fadini ocupou o posto de Castigliano.

O jogo caiu um pouquinho. Somente aos quarenta minutos novo gol, de Rogério, cobrando pênalti. Bagicalupo chegou a tocar na bola, acertando o canto. Tudo estava terminando em paz, festa, mas com uma anomalia: a derrota do Torino.

Os índios cariris foram cercando o gramado. Ghiggia observava atento alguém que acompanhava o grupo. Era um tipo diferente, classudo e que trazia um grande objeto nas mãos. Ele encostou perto do banco de reservas do Torino e puxou seu trompete. Era Oreste Bolmida.

Enquanto ele ajeitava seu instrumento, Menti II fez mais um gol para o Torino, faltando um minuto para o final da partida. 4 a 3 para o Benfica. Assim fora a história original. Mas não agora. Oreste começou a entoar o seu "assalto à cavalaria". Era a primeira vez que fazia isso fora do Estádio Filadélfia, onde seu toque significava pelo menos três gols em quinze minutos. Faltava bem menos que isso. Mas o aviso fizera o mesmo efeito.

Mazzola retomou a bola após a nova saída do Benfica. Tocou para Loik. Rapidamente para Fadini. Bola de novo com Mazzola e com um chute seco ele fez o empate: 4 a 4 aos noventa minutos. Os portugueses gostavam do que viam. Não seria o árbitro a estragar aquele prazer. O jogo seguiu. E o ritmo do Torino, ao som do trompete, ficou avassalador. Muita pressão. O Benfica recuou. Passavam dois minutos do tempo normal. Todos na área. Escanteio para o Torino. Cruzamento forte e rebote do goleiro Machado. A bola caiu na entrada da área. E lá estava Valentino Mazzola. O chute foi impressionante. Impossível a defesa. Mas Machado estava na direção da bola. Até que ela sofreu um desvio.

Tentando evitar o gol, Francisco Ferreira colocou a cabeça. E fez o gol. Contra. 5 a 4 para o Torino. Mazzola correu e o abraçou. O estádio aplaudiu de pé, apesar de a torcida ser do Benfica. Oreste parou de tocar. O árbitro percebeu o momento e apitou. Fim do jogo e mais uma vitória do Torino.

À noite, um banquete foi servido. Os jogadores, amigos, se confraternizaram. E o show de Oreste Bolmida foi um sucesso. Ele chegou tarde, depois de cumprir os compromissos profissionais que o levaram a Lisboa. Agora se divertia como todo mundo, tocando o que lhe pediam. Foi uma linda noite. A última do grande Torino.

Na manhã seguinte, em 1949, quando todos se encaminhavam para o Aeroporto Portela, José Fonseca acionou seu ônibus interestelar. Pierluigi Meroni quis ver a decolagem. Deixaram que fosse. E ele supervisionou em detalhes. Estava tudo certo com o avião. Chamou o Pajé cariri e implorou para que também o destino daquele voo fosse outro. O Pajé apenas sorriu. Aquele era um pedido impossível. Meroni subiu no seu Fiat G 55 Centauro. A seu lado o grande repórter brasileiro Reali Júnior. Lá embaixo o outro avião levantava voo às 9:52 do dia 4 de maio de 1949, rumo ao seu destino. Meroni ainda seguiu um pouquinho o mesmo trajeto, mas, percebendo que o ônibus interestelar de José Fonseca já saía do seu raio de visão, retomou a rota que lhe era permitida agora.

Reali apertou a mão do amigo, que ainda olhou para trás mais uma vez, vendo o voo da tragédia desaparecer de sua visão. Uma última lágrima escorreu pelo seu rosto. Destino é destino. Há coisas inevitáveis. O Pajé cariri já dera a entender isso a Meroni. Ele, na verdade, agora sabia que ninguém poderia tirar aquele avião da Alitália do muro da Basílica de Superga. Tinha que ser assim e foi. Todavia, havia agora algo novo, justo, compensatório: o grande Torino não terminou os seus dias com uma derrota.

CAPÍTULO 32

Correções no céu

Quando voltavam para o plano superior Ghiggia, Barbosa, Francisco Ferreira e Valentino Mazzola, os dois últimos, agora plenamente inteirados do processo do Toré, conversavam animadamente sobre as correções já feitas. E foram unânimes em concordar com tudo. Valentino e Chico Ferreira sempre visitavam o Panteão dos Injustiçados e lamentavam o desespero de Sindelar, a frustração de Puskas e sabiam que eles mereciam muito mais do que tiveram no mundo terrestre do futebol.

Lá em cima, os ditadores são mais incômodos ainda! Então, tirar deles qualquer "merecimento" dado em vida também ajuda a desencorajar futuros espíritos a criarem problemas em outras encarnações. Em síntese, castigar quem está no inferno é ótimo e ajudar quem merece só aumenta o brilho do Toré. Mas convenhamos que existiam outros casos no Panteão que mereciam ser estudados. Os de Rinus Michels e de Telê Santana.

Ghiggia olhou para o lado, abraçou o grande amigo e falou bem alto, até incomodando os outros passageiros do ônibus de José Fonseca:

CAPÍTULO 32

— E o do Barbosa, né?

Barbosa movimentou-se na cadeira, claramente incomodado. Era a primeira vez que seu semblante ficara fechado desde que subira para o plano superior. A morte o liberara do gol de 16 de julho de 1950. Ele voltara a sorrir, a gargalhar. Deixara de ser o "maldito", o "culpado", o "responsável". Era feliz lá em cima. Mas Ghiggia, o homem do gol, nunca se conformara com o chute que destruíra a vida do amigo, embora esse chute também tivesse levado Barbosa à imortalidade e até lhe propiciasse a ele, Ghiggia, esse incrível poder do Toré. Que tal usá-lo a favor do próprio Barbosa?

Barbosa falou baixinho, coisa que não era normal nele.

— Depois de tanto tempo, não vamos mais mexer com isso.

E ficava uma situação maluca. Ghiggia só ganhou o poder do Toré porque fez o gol. Para os deuses, ali ele nasceu. E como morreu no mesmo dia e hora, 65 anos depois, gerou o fenômeno, que estava ajudando a corrigir tantas injustiças no mundo da bola.

E se o gol não existisse? As correções feitas seriam anuladas? Os ditadores teriam de volta os seus títulos? Sindelar voltaria a ser um suicida? Puskas não seria mais um campeão? Os vinte mil argentinos morreriam nas mãos dos ditadores? Os brasileiros também? O Pajé cariri seria procurado, assim que chegassem lá em cima.

Os momentos finais da viagem de Barbosa foram tormentosos. Nada era mais incômodo para ele do que mexer com aquele tema. Mesmo depois da morte, Barbosa não descansava em paz. Na verdade, ali ele era respeitado pela sua grandeza, pelo seu caráter e até pelo sofrimento injusto que sofrera quando estava vivo, aceitando com dignidade. Eram pontos a favor com os quais ele agora contava. Mas dizer que esquecera, isso não era verdade.

A morte de Ghiggia encerrou o tema para a Terra. Agora todos estavam lá em cima. Queriam fazer um jogo entre eles. Relembrar as festas e jogar futebol. Eles se encontraram algumas vezes quando viviam. Mas naquele patamar purificado e em respeito ao estágio superior de Barbosa, preferiram não tocar no tema. Até porque, desde que Ghiggia chegara com essa história de Toré, Barbosa e Ghiggia andavam ocupados demais.

No mundo celestial, todos sabem de tudo, rapidamente, desde que você esteja envolvido no tema. E a conversa do ônibus de José Fonseca passou pelo teleinformativo de cada envolvido na final de 1950. Talvez fossem mexer no resultado. Que maluquice era aquela? Pode até ter havido injustiça com Barbosa, mas ali ninguém era do mal, não havia ninguém merecedor de punição. Os protagonistas do jogo estavam no céu, não no inferno. Realmente, a conversa com o Pajé cariri seria muito interessante.

CAPÍTULO 33

AS EXPLICAÇÕES DO PAJÉ

Quando o ônibus interestelar de José Fonseca pousou, Barbosa recolheu-se, imediatamente, ao Panteão dos Injustiçados. O tema da Copa de 1950 tinha mexido com ele. Ficara abalado novamente. Ghiggia e Mazzola resolveram conversar com o Pajé cariri sobre o assunto. Chamaram também Johan Cruyff, que, ao lado de Rinus Mitchels, via futebol numa televisão de definição tão incrível que se podia sentir o cheiro do suor dos jogadores, caso se desejasse.

Foi Ghiggia quem começou a conversa, apesar de ser o mais novo no lugar.

— Pajé, já percebi que várias injustiças foram corrigidas com o Toré. Muita gente do mal perdeu o que não merecia e pessoas do bem ganharam seus prêmios. Mas há bastante pessoas do bem aí no Panteão que mereciam ganhar e perderam. Só que perderam para outras pessoas que também eram boas. Tem solução uma situação dessas?

CAPÍTULO 33

O sábio Pajé parecia que já estava pronto para aquela pergunta. Sabia que cedo ou tarde algum injustiçado iria reclamar sua parte. Mesmo que, para isso, precisasse cometer outra injustiça.

— Irmão charrua — respondeu ele, referindo-se à origem dos uruguaios —, uma coisa é dar direito a quem perdeu algo que lhe foi tirado com injustiça. Outra é tirar de alguém que ganhou por méritos, mesmo que tenha sido de quem também merecesse. Toda ação tem uma reação. Quando tiramos do mal e damos para o bem, só estamos ajudando boas pessoas. Mas quando tiramos algo do bem, em qualquer circunstância, prejudicamos gente do bem. E a reação pode ser complicada.

— Então não tem jeito?

— Jeito tem. Mas é preciso que todos saibam o que vai acontecer. Temos que analisar o que virá depois da troca. Quem vai ganhar e quem vai perder. E, mais do que isso, muitas vezes, por causa do que virá lá na frente, nem o beneficiado pode achar interessante.

— Que é isso, Pajé? Como alguém pode querer não ganhar? — argumentou Ghiggia, até com certo ar de desdém.

— Meu grande campeão — ponderou o Pajé —, ganhar pode significar perder. E perder pode também ser ganhar. Tudo depende do que se seguirá. Não esqueça que somos guiados por Deus. Não duvide da sabedoria Suprema. Mas Ele nos deu essa chance do Toré. Então Ele acha que podemos refazer a história e nos deu a chance de termos a opção. Podemos conversar sobre isso. Só precisamos ter muito cuidado. A Terra é frágil. O mundo lá embaixo suporta-se em débeis alicerces. A vida humana muda com extrema facilidade. Não podemos brincar com ela.

Ghiggia, Mazzola e Cruyff estavam impressionados com a sabedoria do velho índio. Cada palavra pesava muito na cabeça de cada um deles. Os cariris iniciaram sua cerimônia de comemoração por mais um Toré. Agora pela vitória do Torino. Os três iam saindo quando o Pajé os chamou de volta.

— Vamos fazer o seguinte. Vocês devem estar pensando em algumas correções que querem fazer com gente do céu. Vamos analisar juntos. Tragam as ideias. Mas antes de mais nada, perguntem aos beneficiados se eles querem aquilo que vocês imaginam que eles gostariam de ter. Talvez se surpreendam com a resposta. Se precisarem mesmo do Toré, naquela tenda, ali em frente, eu tenho uma televisão que mostra o passado e poderá projetar como foram as coisas com os fatos como estão, nesse momento. Aí a pessoa saberá o que ela estará mudando, caso realmente queira alterar o passado. Se estivermos de acordo, faremos o Toré. Só que aqui não é sumário. Aqui é conversa de gente do bem. O inferno não admite diálogos. Onde estamos, só trabalhamos com os diálogos amplos. Até porque só temos direito a uma mudança. Se alterarmos a história, ela nunca mais voltará ao que foi. Tem que ser muito bem pensado. Vão em frente, meus amigos.

CAPÍTULO 34

LARANJA MECÂNICA CAMPEÃ DO MUNDO?

Ghiggia, Mazzola e Cruyff estavam pensativos. As palavras do Pajé foram fortes. Quem poderia não desejar ser justiçado? Enquanto falavam, foram chegando ao Panteão dos Injustiçados. De longe viram o abraço apertado de Rinus Mitchels e Helmult Schoen, os dois treinadores da final da Copa do Mundo de 1974. Ninguém se conformou com a derrota da Laranja Mecânica de Mitchels, mas todos reconheceram o talento tático de Schoen naquela tarde no Estádio Olímpico de Munique.

Mitchels convidou Schoen para ver um jogo do Bayern de 2016. Guardiola virara ídolo de Mitchels. Adorava ver os jogos que ele dirigia e falar sobre o trabalho dele. Schoen estava um pouco mais relaxado. Ainda curtia o futebol nas horas vagas, mas não tanto quanto o velho amigo da Terra. Cruyff achava aquilo tudo muito engraçado.

Guardiola era Mitchels em versão moderna. Pouco antes da Copa de 1974, Mitchels e ele, Cruyff, foram para o Barcelona. Revolucionaram tudo.

CAPÍTULO 34

Quando o treinador saiu, o craque continuou e tempos depois tornou-se também técnico. Em cima de suas teorias, criou-se La Masia, o principal centro revelador de talentos e da preservação da filosofia de jogo do Barcelona. E lá apareceu Guardiola.

Em síntese, Guardiola surgiu das ideias de Cruyff. E Cruyff veio de Mitchels. E hoje, Mitchels, no céu, ama ver Guardiola pondo em prática, com o devido aperfeiçoamento que o tempo e a tecnologia permitiram, suas teorias, criadas no final dos anos 60, na Escola de Educação Física em Colônia, na Alemanha. Quem começou tudo foi Mitchels. Ou seja, o ciclo se fechou.

Schoen e Mitchels conversam e assistem futebol animadamente, observados de longe por Ghiggia, Mazzola e Cruyff. Os três esperam o momento certo para falar com o mestre sobre a possibilidade do Toré na Copa de 74. Nada contra Schoen. Ao contrário. Mas Mitchels merece mais. Até pelo que Guardiola está fazendo até hoje em cima dos conceitos dele.

Enquanto esperam, folheiam revistas da Terra. E leem Guardiola. Também isso Mitchels tem. E uma parte de uma entrevista está grifada. Cruyff fica impressionado. Guardiola fala sobre a fixação no jogo bonito, em nome de uma correção de injustiça. Ele nunca tinha ouvido falar disso. Mas as palavras do campeão espanhol são claras.

— Temos que jogar bonito e ganhar para gerarmos modelos. Se perdermos, seremos esquecidos e isso será ruim para o futebol. Se a Holanda tivesse vencido a Copa de 1974, talvez tivéssemos outros times maravilhosos como aquele. Como perdeu, veio a desculpa de que não valia a pena trabalhar para se chegar a aquela perfeição e beleza. Então eu luto tanto pelos resultados, em nome dos que criaram a beleza, mas não tiveram a sorte de vencer.

Cruyff mostrou a revista aos dois parceiros. Percebeu a inteligência da ideia e o motivo de tanta admiração de Mitchels por Guardiola, além da forma do jogo que ele mostrava. Schoen também estava encantado. Aplaudia o que via. Agora assistiam a outro jogo do Barcelona, e o alemão pedia várias vezes que parassem algumas jogadas para ver de novo. Todos estavam adorando aqueles momentos de grandeza no futebol.

Finalmente Schoen se despediu. Prometeu voltar para ver um pouco mais do "menino" da Terra, que tão bem representava os treinadores, atualmente. Saiu feliz. Mitchels também. Quis saber o que queriam os três visitantes. Eles ficaram sem graça de falar sobre o tema depois de uma tarde tão agradável dos dois amigos.

De certa forma, seria uma traição contra Schoen. Claro que Mitchels tinha mais direito ao título da Copa de 74. Guardiola, ajudava a comprovar isso. Mas não custava esperar mais um pouquinho. Combinaram de conversar no dia seguinte. Só os quatro. Sem Schoen e sem Guardiola na tela. Queriam Mitchels com a cabeça tranquila para tomar uma decisão extremamente importante.

CAPÍTULO 35

Provocações

Não passava uma semana sem que Sócrates fizesse isto. Bastava ver Alfredo Di Stefano, o maravilhoso craque argentino, consagrado mundialmente no Real Madrid, próximo de Eusébio, o Pantera Negra do Benfica e principal jogador da Copa de 1966, para que puxasse o assunto e gerasse uma tremenda confusão. Quem era o melhor da Terra, nos dias de hoje, Messi ou Cristiano Ronaldo? A discussão entre os dois durava horas.

Os argumentos eram ótimos. Começavam com características técnicas, detalhes como domínio de bola, velocidade, dribles e depois partiam para números absolutos, como gols e títulos conquistados e sentido tático. Nas primeiras vezes, as conversas foram espontâneas. Depois o brasileiro as provocava.

As primeiras terminavam com certa cordialidade. Agora com alguns palavrões. É bom dizer que os palavrões não são proibidos no céu. Eles até vieram de lá. Quando você expressa sua ira dessa forma, apenas xingando, sem difamar, soltando a raiva momentânea, evita que o rancor tome conta

CAPÍTULO 35

do seu coração. O rancor e a difamação é que são proibidos. O palavrão, quase sempre, é seguido de uma gargalhada da vítima provocadora.

O provocador Sócrates ria muito das discussões dos dois. Embora nesse plano superior a linguagem seja única, quando você começa a defender o que foi a sua nação no plano inferior, muitas vezes voltam os sotaques. E era exatamente esse o prazer de Sócrates. Um argentino e um português enfurecidos com suas convicções. Dois gênios, defendendo dois craques e falando de futebol com paixão de torcedor, em nome da pátria.

Cada vez aumentava o número de pessoas para assistir essas pendengas. Eli Coimbra, meu velho amigo terreno, repórter brilhante, passou a dar sugestões a Sócrates para as provocações. Jose Maria Muñoz, histórico narrador argentino, entrou na conversa. Mostrou-se ofendido por Di Stefano. O angolano Jorge Perestrelo, que fez Portugal chorar de emoção com suas narrações na Eurocopa de 2004, intercedeu por Eusébio.

Sócrates e Eli Coimbra saíram de lado rindo muito. Renato Silva, autor do hino da Ponte Preta, que também adorava uma confusão, quis saber o que se passava. Depois de um tempo, convidou os dois para ouvirem música e conversarem fora daquela bagunça. Sócrates aceitou, desde que tivesse néctar junto. O bate-papo entre os três durou mais de duas horas. Eles até tinham esquecido de Eusébio e Di Stefano, já que os assuntos foram muitos durante esse período.

Para surpresa de todos, na volta, a conversa entre o argentino e o português continuava no mesmo tom. Os dois argumentando fortemente, em nome de seus compatriotas, com os dois locutores dando seus devidos apoios. Sócrates então aproveitou e pôs mais um pouquinho de fogo, piscou para o Eli Coimbra e foram embora. A conversa entre eles será eterna mesmo. Sócrates sempre vai fazer a brincadeira. Eusébio e Di Stefano vão ter muito o que contar de futebol. E Messi e Cristiano Ronaldo serão mesmo assuntos para a eternidade do futebol.

CAPÍTULO 36

POR QUE AQUELA BOLA NÃO ENTROU?

2 de novembro de 2016, Dia de Finados, o Brasil nem se deu conta naquele feriado, que seu representante na Copa Sul-Americana conseguira mais uma proeza. Estádio Nuevo Gasometro, num lugar barra pesada de Buenos Aires, a pequena Chapecoense enfrentava o grandão argentino, San Lorenzo, que fora campeão da Libertadores dois anos antes.

Enfrentar argentinos já não era incômodo para a Chapecoense, que eliminara também o maior vencedor do principal torneio do nosso continente, o Independiente, dias antes. Mas agora sentia a dificuldade de jogar fora de casa numa semifinal inédita na história do clube.

Estava tudo bem, até que aos 29 minutos Cauteruccio cobrou falta da esquerda. Angeleri cabeceou errado. E aí não deu para Danilo. Gol do San Lorenzo. 1 a 0. Os brasileiros não jogavam mal e não perderam as esperanças. O técnico Caio Junior deixou bem claro nos vestiários que era possível conseguir algo melhor. E veio. Verdade que a pressão do San Lorenzo foi intensa, mas o lateral Dener soube sair pelo lado esquerdo, tabelou com Tiaguinho e

CAPÍTULO 36

cruzou. Ananias dominou na área de pé direito, girou e bateu de esquerda. O goleiro Torrico tocou na bola, mas não conseguiu retê-la. A possibilidade de evitar o que estava por vir escapou da luva do goleiro argentino. Final 1 a 1.

21 dias depois eles estavam novamente em campo na Arena Condá com 18 mil pessoas. Respiração a mil. 49 minutos do segundo tempo. Falta pela direita. 0 a 0 é o placar, resultado que classifica a Chapecoense para a final, pelo gol marcado fora. Na cabine de tv da Fox, o grande narrador Deva Pascovich está emocionado. Pede ao espírito do Índio Condá, protetor da região e que tem o nome do estádio, que entre na área e fique ao lado do goleiro Danilo.

A bola passa por todos. O zagueiro Coloccini pega mascado de pé direito. O chute rasteiro não é tão forte, mas vai entrar, Danilo, o goleiro de Chapecó, faz então um movimento instintivo. Estica também o pé direito e evita o gol. Deva Pascovich fica alucinado. Grita com sua voz potente pelo fim do jogo. E em segundos berra:

– Acabou, acabou.

Seis dias depois na manhã do dia 29 de novembro, o menino Hyoran, que por ser muito jovem e inexperiente ficou fora da delegação, que viajou para Medellin para enfrentar o Atlético Nacional na decisão do campeonato, amaldiçoava aquele momento.

– Meu Deus, por que aquela bola não entrou? Por que aquela bola não entrou?

Essa lamentação de Hyoran, que agora ecoava pelo mundo, foi motivada pela queda de um avião da LaMia. A Anac, Agência Nacional de Aviação Civil, não permitia que aeronaves dessa empresa pousassem no Brasil. Dias antes, a Chapecoense usara o avião, e a LaMia só tinha um, para viajar até Barranquilla. E começou seu voo na Bolívia, onde ficava a sede da tal empresa.

A LaMia, Línea Aérea Merideña Internacional de Aviación, foi fundada em 2009 na Venezuela. Em 2015 mudou-se para Santa Cruz de La Sierra na Bolívia. Aproximou-se do mundo do futebol e passou a ser fretada por clubes e seleções em toda América do Sul. Lâmia é também um nome ligado a Mitologia Grega. De acordo com a versão mais corrente, Lâmia era uma belíssima rainha da Líbia, filha de Poseidon e amante de Zeus, de quem concebeu muitos filhos, dentre os quais a ninfa Líbia. Hera, mulher de Zeus, corroída pelos ciúmes, matava seus filhos ao nascer e, ao final, a transformou em um monstro (em outras versões Lâmia foi esconder-se em uma caverna isolada e o que a transformou em um monstro foi seu próprio desespero.

Segundo opinião bastante difundida, a Lâmia mitológica serviu de modelo para as lâmias (Lâmiae em latim), ora descritas como bruxas, ora como espíritos e ora monstros, humanos da cintura para cima, mas com caudas de serpente. As lâmias atraíam os viajantes expondo os belos seios e emitindo um agradável som murmurante, para depois matá-los, sugar seu sangue e devorar seus corpos. Neste aspecto, as lâmias constituem um antecedente dos súcubos da Idade Média, demônios com aparência feminina que invadem o sonho dos homens a fim de ter uma relação sexual com eles para lhes roubar a energia vital.

Na manhã daquele dia 28 de novembro de 2016, a delegação da Chapecoense se preparou com muito esmero para a viagem rumo ao seu grande momento de finalista de uma competição internacional. A viagem sairia de São Paulo após o jogo contra o Palmeiras, o último do Campeonato Brasileiro, quando o adversário ganhou o título nacional.

Almoço e ônibus para o Aeroporto de Guarulhos. Às 17 horas com quase duas horas de atraso saíram para Santa Cruz de la Sierra, onde subiriam no avião fretado da LaMia que faria o trajeto até Medellin. A recepção foi muito gentil e agradável, já que a tripulação da LaMia conhecia boa parte dos viajantes daquela noite, por causa do recente encontro rumo a Barranquilla.

E lá foram eles. Com mais quatro horas de voo pela frente, o jeito era procurar distração. Alguns jogavam cartas, outros cantavam pagodes, ou jogavam videogames. Os jornalistas, 22 no total, procuram conversar entre eles. Uma viagem normal, como tantas na vida daqueles profissionais. Uma hora da manhã, quase todos dormiam. O Aeroporto de Rio Negro estava próximo.

Uma e quinze as luzes se apagaram. As de emergência se acenderam. Silêncio. Parecia que os motores estavam desligados. Mas os tripulantes informaram que estava tudo normal. Sim, parecia que sim. Não havia turbu-

CAPÍTULO 36

lências, o avião não despencou. Nada. Mais silêncio. E uma forte pancada. Fim de tudo. 71 vidas e famílias destruídas. Poucos e milagrosos sobreviventes. Não haveria a sonhada final.

Por que aquela bola não entrou?

No céu a notícia chegou primeiro para Sócrates, que conversava, provocando, com Eusébio e Alfredo Di Stefano. Ele correu para avisar o famoso repórter, Eli Coimbra, que seu maior amigo na Terra, tinha chegado. Mário Sérgio estava atordoado quando recebeu o abraço de Eli. Sorriu para Sócrates. Entendeu logo o que ocorrera. Ficou cabisbaixo. Sabia a falta que a família sentiria dele. É sempre assim na chegada, mas em algum momento todos irão mudar de Plano.

Os jogadores, jornalistas e dirigentes do Torino do acidente de 1949 foram receber as vítimas do avião da LaMia e um incrível encontro ocorreu sob forte emoção. Corações a mil. Chapecoense e Torino juntos no Céu. Talvez fizesse algum jogo no futuro, quando as coisas ficassem mais rotineiras naquele Plano Celeste para os recém-chegados.

Danilo conversava com Valerio Bacigalupo, goleiro de 1949. Mas estava muito confuso, repetia a mesma frase com insistência. Então chegou Barbosa. Deu-lhe um forte abraço e procurou ouvi-lo.

– Barbosa, é uma emoção te encontrar. Mas estou arrasado. Aquela bola poderia ter entrado. Fiz a defesa, a mais importante da minha carreira. Mal dormi naquela noite. Virei herói na minha cidade. Mas olha isso tudo. Eu deveria ter deixado a bola entrar.

E Barbosa com sua sabedoria.

– Querido Danilo. Você não teria poder para isso. O reflexo não foi só seu. Você cumpriu seu destino. Aquele movimento que impediu o gol do San Lorenzo estava acima do seu controle. Tinha que ser assim. Ninguém escapa do destino. E essas 71 pessoas tinham tudo escrito quando saíram do Plano Mais Alto para a vida terrena. Você cumpriu muito bem sua missão. Fique em paz.

No dia seguinte no Panteão dos Injustiçados o movimento era intenso. A Chapecoense seria recebida lá? Não foi preciso. Logo o Pajé chegou com a informação da Terra, que o Atlético Medellin dera o título ao adversário, numa linda homenagem. Não precisou de Toré ou qualquer movimento celestial.

Dessa vez tudo se resolveu na Terra mesmo. Do jeito humano. O sofrimento pelas perdas enlutou o mundo todo. Como no caso do Torino. Mas não era preciso corrigir resultados. A outra parte a de evitar o acidente era impossível. Mesmo com os grandes poderes do Toré e do Pajé.

CAPÍTULO 37

A INDECISÃO DE RINUS MICHELS

Cruyff sempre foi o queridinho de Michels. Normal, até por entender sua genialidade dentro e fora de campo. Era muito bem recebido. Quando chegou com Mazzola e Ghiggia, Michels folheava a revista que falava sobre Guardiola, na qual ele dizia que "lutava pelos conceitos da Holanda de 74, até mesmo porque perdeu. Não deixaram de ser maravilhosos por causa da derrota. Pelo contrário, mereciam ser perpetuados, apesar disso".

Os olhos de Michels brilhavam. Cruyff começou a falar sobre o Toré. Colocou a possibilidade de mudar o resultado da final da Copa da Alemanha, em Munique. Num primeiro momento, o genial treinador levou na brincadeira. Aos poucos foi tomando ar de seriedade, até porque percebeu que Ghiggia e Mazzola, com os quais não tinha intimidade, concordavam com cada palavra do amigo e seguidor.

Terminada a explicação, Cruyff chamou o Pajé cariri. E ele explicou que a vitória da Holanda implicaria alterações na História. Quando você faz justiça tirando algo de alguém do mal, o assunto é sumário e pronto. Agora

CAPÍTULO 37

não. Schoen era do bem. Mudar a história necessitava da concordância dele, Schoen, e acarretaria mexer com o futuro de forma decisiva.

Michels estava confuso. Ganhar a Copa de 74 era uma boa ideia. Mas no que isso iria implicar? Schoen foi convocado. Quando soube do que conversavam deu um gargalhada. Tinha certeza de que se tratava de uma piada. Mas, aos poucos, foi percebendo a seriedade dos fatos. Lembrou que várias vezes comentou com o amigo Michels que, apesar do time excelente da Alemanha, a justiça seria o título da Holanda. Schoen finalmente ficou sério. Naquele plano era difícil alguém não aceitar que se fizesse algo correto. E ele sabia que o holandês merecia mais. O Schoen ficou entristecido mas concordou. Cruyff animou-se. O Pajé já pensava em convocar seu grupo. José Fonseca preparava o ônibus interestelar. Mas Michels não parecia seguro do que queria. Algo o incomodava. Pediu um tempo. Ninguém entendeu ao certo. O grande beneficiado seria ele. A justiça seria toda para ele, mas, por alguma razão, não tinha convicção de que pretendia o Toré. Todos saíram do Panteão. Até Telê Santana, que acompanhava aquela história com imensa atenção.

Michels ligou sua supertelevisão. Lá estava o Barcelona de Guardiola jogando. Tirou o som e foi ler, talvez pela milésima vez, a declaração do treinador espanhol, na surrada revista que estava na mesa:

"Eu luto pelos conceitos da Holanda de 1974, até mesmo porque perdeu. Não deixou de ser maravilhoso por causa disso. Pelo contrário. Merece ser perpetuado."

A cabeça de Michels girava. O Pajé deixou bem claro que não tinha volta. Feito o Toré, a Holanda ganharia o jogo e viriam todas as consequências. Boas e ruins. Na inteligência acima da média dele, deve ter passado a banalização do carrossel. Qualquer um tentando. E ninguém conseguindo. E as chacotas. E, aos poucos, o esquecimento. Às vezes a derrota gera mitos. Talvez tenha sido assim com ele e com sua Laranja Mecânica.

Quem sabe se todo mundo saísse tentando fazer o Futebol Total, depois da Copa de 74, a banalização impedisse o surgimento de La Masia, o supercentro de treinamento e preservação da filosofia de jogo do

Barcelona. Que na verdade é a dele, Rinus Michels? A derrota impediu a banalização. Mas como ele estava na Catalunha, os locais preservaram os estudos e geraram o mito. E a preservação do mito nos trouxe, tempos depois, a beleza do jogo do Barcelona de Guardiola. O jogo coletivo, acima da individualidade, que Michels nos apresentou lá atrás, na primeira Copa do Mundo realizada na Alemanha.

Tudo isso passava pela cabeça do holandês enquanto o pessoal se preparava para a nova viagem até 1974. Estavam certos de que Michels aceitaria. Por que não? Quem iria perder a chance de ser campeão do mundo? Quem não gostaria de ver a justiça feita depois de tanto tempo? Imaginavam que ele estava escolhendo seu melhor terno para a viagem, quando ele saiu à porta com os mesmos trajes casuais com que o deixaram minutos antes.

Estava abatido. A decisão fora difícil, mas estava tomada. Michels foi em direção a Helmult Schoen. Deu um forte abraço no velho amigo, como sempre fazia quando ele o visitava. Sorriu um tanto sem graça e falou bem alto:

— O título é seu, meu amigo. Você acabou comigo naquela tarde. Eu não soube sair da sua marcação. Injustiça será tirar o seu título. O que está feito, está feito. Agradeço a todos vocês pela ideia e pelo carinho. Mas eu estou bem feliz como estou. Além disso, ganhei da Alemanha aquela Eurocopa em 1988, lembram? E foi na Alemanha.

— É, mas não foi de mim, foi do Beckenbauer, brincou Schoen, lembrando quem era o técnico do time da casa no evento citado, descontraindo o ambiente.

Cruyff não estava entendendo nada.

— Espera um pouco, Mestre, o senhor não vai aceitar ser campeão do mundo?

— Não vou, não, Johan. Mexer com o passado é complicado. No meu caso então, mais ainda. As pessoas me transformaram numa referência, num

CAPÍTULO 37

mito. Isso vale mais do que um título. Veja esse menino, o Guardiola. Ele pegou todos os nossos conceitos e transformou o futebol nessa beleza. Não sei se faria o mesmo sem o mito impulsionando-o.

Cruyff ainda quis colocar mais um argumento:

— Mas um título mundial pode ajudar ainda mais a aumentar o mito.

— Talvez sim, talvez não. Veja onde estou. No Panteão dos Injustiçados. Às vezes é melhor ficar assim. Vamos fazer o seguinte. Vamos deixar o menino Guardiola trabalhar e aproveitar as belezas que ele faz. O nosso querido Schoen ganhou aquele jogo e ninguém fala dele. Eu perdi e seguem falando de mim. A vitória ou a derrota, naquele dia, não muda nada. Deixa aquela alegria para o Helmut. Ele merece muito.

Cruyff deu um sorriso. O sábio Pajé, que ouvia a conversa, fez um gesto aos seus seguidores. Aos poucos a tribo foi se espalhando e, pela primeira vez, mesmo podendo, alguém abriu mão de uma vitória na Terra. Vai que ganhando naquele 7 de julho de 1974, Michels impedia de alguma forma, anos depois, o brilho espetacular de Pep Guardiola.

E a Copa de 1974 seguiu como foi. O Toré de Ghiggia e José Fonseca, pelo menos por enquanto, só serviu para corrigir as injustiças de gente do mal contra pessoas do bem. Mas muita coisa ainda estava por acontecer. Afinal, eles tinham acabado de chegar. E o encanto ainda duraria bastante tempo. E Mitchels, com sua opção, foi liberado do Panteão dos Injustiçados.

CAPÍTULO 38

CONVERSANDO SOBRE CONCEITOS

A notícia da recusa de Rinus Mitchels ao Toré espalhou-se rapidamente. No lugar onde estavam não cabiam os julgamentos. Isso é coisa da Terra. Nesse patamar superior as coisas acontecem e pronto. Ninguém julga ninguém. O nível é muito elevado para isso. Sócrates achou incrível a postura da Mitchels. Foi conversar com Telê Santana sobre o caso.

Telê nunca se conformou com a perda da Copa de 1982. Ao contrário do que ocorreu com Mitchels, para Telê aquela derrota fez muito mal. Ele mesmo citou várias vezes, quando ainda o chamavam de "pé-frio", que "o Mitchels perdeu e era visto como rei. Eu perdi e sou pé-frio", referindo-se a duas seleções que encantaram, foram derrotadas e tinham tratamentos desiguais no Brasil.

Mas isso foi na Terra. Agora a conversa tinha sempre outro nível. Sempre se falava em bem ou mal. Se a derrota de Mitchels gerou o mito e o jogo lindo do Barcelona de Guardiola, no caso do futebol brasileiro não foi bem assim. Telê gostava da arte, do toque de bola, da beleza do jogo. Quando

CAPÍTULO 38

perdeu da Itália, esses conceitos caíram juntos. E a derrota ficou maior ainda depois de 1994 com a vitória da seleção de Carlos Alberto Parreira nos Estados Unidos. Longe de ser um time ruim, aquele grupo usava conceitos de toque de bola e marcação defensiva, girando o jogo, para, no momento justo, acionar dois atacantes rápidos, Romário e Bebeto. Não era um jeito bonito de jogar. Pelo menos se comparamos com a fórmula de 1982.

Parreira justificou, com sabedoria futebolística privilegiada, sua ideia na Copa de 94:

— O Brasil estava sob pressão. Não vencia há 24 anos. Não podíamos correr riscos. Ficávamos com a bola. Privilegiávamos a conversando sobre conceitos defesa. E acionávamos o ataque na hora certa. Com Bebeto e Romário tínhamos pelo menos um gol por jogo. Se não tomássemos, estávamos muito próximos da vitória.

Perfeito. Tanto que funcionou. E o Brasil foi campeão. Mas pagou um preço caro. Pouquíssimos treinadores no país têm a inteligência de Carlos Alberto Parreira, nem o material humano que ele teve à disposição. E resolveram adotar, simplesmente, parte do que foi feito. E o Brasil passou a adotar o método "vencedor" de 94 em detrimento do "perdedor" de 1982. Ou seja, o importante era jogar pelo resultado. A beleza do jogo ficou em segundo plano. Mesmo que você não tivesse o belo meio campo de Parreira ou os atacantes da Copa dos Estados Unidos, simplesmente colocava dois "brucutus", fazendo faltas e dando chutões no meio campo. Centroavantes caneludos lá na frente e seja lá o que Deus quiser.

Com o fim dos campos de várzea, vieram as escolinhas de futebol, copiando o que havia de pior nos times. Sem contar que sumiram os olheiros e surgiram os conselheiros com seus apadrinhados, para "jogar futebol" em troca de bons lucros para eles e não para os clubes. Os empresários de futebol, em acordos desonestos com dirigentes, viraram donos das grandes equipes e nosso futebol só piorou.

Quando alguém cobrava, uma das desculpas era sempre que não adiantava jogar bonito e perder. E a seleção de 1982 de Telê Santana era citada. A de 1994 não foi um mal. Só foi mal-usada e mal-interpretada.

Enquanto isso, na Europa, a derrotada seleção de Mitchels gerava a beleza de jogo do Barcelona de Guardiola, do Bayern e até os ingleses passavam a pôr a bola no chão.

Os brasileiros, que se orgulhavam da beleza do seu jogo, começaram a ver as grandes partidas pela televisão, e não em seus estádios. Os grandes craques nacionais iam se desenvolver no exterior, já que os conceitos ofensivos estavam do outro lado do mundo. Estava tudo de ponta-cabeça. Quem gostava de atacar, estava defendendo. E quem sempre se defendeu, passou a ser referência ofensiva.

Pior é que meninos, que sonhavam em ser profissionais de futebol, já não falavam mais em vestir as camisas de nossos grandes clubes. As referências deles estavam na Europa. O mundo de futebol deles ficava não a alguns minutos de ônibus, trem, metrô ou carro, mas a horas de avião. Os comentários nos bares eram sobre Champions League, Eurocopa, Uefa League, Cristiano Ronaldo e Messi.

Tudo muito esquisito, se pensarmos em 1981, quando o time de Telê Santana disputava a eliminatória para a Copa da Espanha e encantava toda a nação, poucos se importavam com o futebol dos outros, porque o que via no Brasil era lindo o bastante para não se precisar de mais nada.

Outros tempos, sem dúvida, com outras tecnologias. Mas outro jeito de se jogar no Brasil também. Sócrates e Telê, com a frieza que o local onde estavam permitia, podiam conversar tranquilos sobre o tema. O certo é que depois da derrota de Sarriá, no dia 5 de julho de 1982, o futebol brasileiro nunca mais foi o mesmo. Os conceitos mudaram para pior. A derrota para a Itália não foi apenas a perda normal num jogo. Foi a queda de um conceito de beleza.

Ou, como gostava de dizer Johan Cruyff, quando ainda na Terra, "foi o momento que o Brasil rompeu com sua cultura de futebol. E quando você faz isso, as coisas não andam bem. Não podem ficar bem."

Sim, o Brasil ganhou mais dois Mundiais depois da Copa de 1982. Mas será que o futebol brasileiro melhorou ou piorou? Parece muito claro que as coisas pioraram bastante e de maneira grave. O modelo de 1982 foi colocado de lado. Às vezes aparece alguém, como Fernando Diniz, com um pequeno time como o Audax e faz aquilo que todos querem. É aplaudido. Na sequên-

CAPÍTULO 38

cia vem a sentença de que isso "não pode ser feito em time grande". Então qual é a grandeza desse time que o impede de jogar bonito?

Assim é o Brasil de hoje. Para ser grande, precisa ter o conceito de jogar feio. Esse é o efeito da derrota de 1982, impregnado em quase todo país. Um mal terrível que aquele jogo fez. Foi um resultado que arrasou com uma cultura histórica, com um conceito que vinha desde sempre. Como seria bom se aquele jogo não tivesse existido. Ou que o resultado fosse outro. Pelo menos um empate que daria ao Brasil de Telê Santana a chance de continuar na Copa do Mundo, que deveria ter sido dele e do Brasil.

CAPÍTULO 39

A INCONFIDÊNCIA DE MAZZOLA

Mazzola iria visitar o amigo Francisco Ferreira, quando ouviu, sem querer, a conversa entre Sócrates e Telê Santana. Como o assunto envolvia um jogo entre Brasil e Itália, procurou ouvir melhor sobre o assunto. Interessou-se. De fato os dois tinham razão no que comentavam. Claro que Mazzola ficara feliz com a vitória de 1982, mas percebera que a beleza do futebol brasileiro desaparecera depois daquele dia. E lamentava.

Mazzola era fã da ginga e criatividade dos brasileiros. Adorava conversar com Garrincha, Leônidas da Silva, passava horas trocando ideias com o irreverente Heleno de Freitas. Quando Zizinho "subiu" até fez parte do seu Comitê de Recepção. Foi ele também que entregou flores a Julinho Botelho no dia da chegada. Fez grandes reverências ao maravilhoso brasileiro que encantou os italianos de Firenze. Nos últimos anos, também não gostava do que via. A conversa de Telê Santana e Sócrates tinha pleno sentido.

Mazzola chamou o amigo e campeão Enzo Bearzot, aquele que dirigiu a seleção italiana em 1982. Ele estava lá há pouco tempo, mas já tinha

CAPÍTULO 39

ampla compreensão das dimensões menores dos feitos da Terra com relação à grandeza da filosofia do plano em que se encontravam agora. Gaetano Scirea, grande zagueiro do time campeão, também participou do bate papo. Scirea sempre foi exemplar. Pleno de valores importantes. Nunca foi expulso de campo, ganhou tudo, exemplo como atleta e ser humano. Morreu muito cedo num acidente de carro. Estava lá em cima fazia tempo. Precisava ser consultado.

A conversa ouvida por Mazzola foi colocada. Bearzot e Scirea concordaram com tudo que foi dito. Lamentaram que aquele jogo de 5 de julho de 1982, na Espanha, tivesse ultrapassado o Estádio de Sarriá e quebrado a cultura de futebol do Brasil, que todos amavam. Ambos não gostavam mais do que viam nos campos brasileiros. Não era a natureza de beleza que aprenderam a admirar. Mas o que poderiam fazer? Afinal, o que eles tinham com tudo aquilo?

Aí Mazzola falou do Toré. Da possibilidade de o resultado do jogo ser modificado. Bearzot e Scirea riram muito. Aquilo era impossível. Nunca tinham ouvido falar em nada parecido.

— Meus queridos amigos, nós sabemos muito pouco de tudo o que acontece e pode acontecer. Acreditem. Isso é possível, sim.

Diante da expressão firme de Mazzola, os campeões de 1982 começaram a acreditar. Mas o treinador fez uma colocação muito pertinente.

— E o povo italiano? E aquela alegria? Como ficará?

— Não haverá título. Nós vamos reescrever a História. O futuro será outro. Evitaremos o momento atual do futebol brasileiro, que é muito ruim. Na verdade, o que estaremos impedindo é que a cultura futebolística brasileira mude.

Scirea e Bearzot se entreolharam. Orgulho é uma coisa que não existe naquele lugar, mas, convenhamos, não era justo simplesmente deixar uma conquista tão complicada deles na Terra para o outro, em troca de nada. Até porque uma das coisas que eles aprenderam é que nada deve vir sem um grande esforço.

— Por que você está nos consultando sobre isso, Mazzola? — perguntou Bearzot.

— Porque vocês ganharam honestamente. Ninguém pode tirar nada de quem ganhou lutando. Vocês podem abrir mão em nome de uma causa maior. Alguns Torés foram feitos contra ditadores, pessoas do mal. Mas vocês são do bem, tanto que estão aqui em cima, evoluindo, desfrutando de tudo isso que estamos tendo. Perder aquele jogo depende de vocês, não de uma ordem sumária. É questão de entender que seria um bem filosófico maior.

— Está bem, mas, mesmo assim, eles ganharam mais duas vezes. Inclusive uma delas da Itália, em 1994, lembra-se disso? A gente sofreu junto vendo aquela cobrança de pênaltis, lembrou Scirea.

— Sim. Mas não era o futebol brasileiro. Era uma adaptação. Falamos isso várias vezes durante a Copa. Nunca desmerecemos, mas lembro que comentamos. Merecia muito mais ganhar em 1982 do que em 1994.

Aí o olhar do velho Enzo Bearzot iluminou-se:

— Se é assim, dá para fazer a troca?

— Como é? — disse Mazzola.

— Eu dou 1982, em troca de 1994. Dá para você tentar essa negociação?

CAPÍTULO 40

A GRANDE ENQUETE

Até para alguém com os dons maravilhosos do Cacique do Cocar Roxo, líder do Pajé, aquela proposta que Mazzola trazia era complicada demais. Não estavam mais falando na simples mudança de um resultado. Agora queriam trocar o resultado de duas Copas do Mundo, simultaneamente. 1982 passaria a ser do Brasil e 1994 iria para a Itália. Pela primeira vez o Cacique não quis responder de pronto. Pediu um tempo para consultar seu grupo de velhos sábios.

Mazzola também saiu para dividir a novidade com os maiores interessados. Foi ao Panteão dos Injustiçados conversar com Telê Santana e Sócrates. Falou da conversa que ouviu sem querer e de tudo que aconteceu depois. Telê ameaçou ficar bravo, mas percebeu a boa intenção do amigo e resolveu ouvi-lo.

— Trocar a Copa de 1982 pela de 1994? Isso é muita loucura. Não consigo imaginar uma situação dessas.

CAPÍTULO 40

— Mas você sabe que o futebol no seu país e no mundo ficará bem melhor.

Telê fez o gesto de enrolar algo no ar, tão tradicional nos tempos da Terra, deu um sorriso. Não disse nada. Mas sabia que era verdade. Sócrates foi mais direto.

— Claro que seria bom. Nosso futebol era de arte. Em 1994, o pessoal sabia jogar, mas ficou amarrado. Precisava ganhar. Tinha receio que acontecesse com eles o que aconteceu conosco. Viramos referência de coisa errada, porque jogávamos bonito. Jogar bonito no Brasil passou a ser motivo de vergonha.

Mazzola procurou Barbosa e falou sobre a possibilidade de uma grande enquete Supertoré acontecer. Barbosa, como sempre, deu uma enorme gargalhada. Ghiggia e José Fonseca, os donos da magia, da mesma forma, ficaram de plantão. Todos concordaram que, para o bem do esporte, a troca seria maravilhosa. Ninguém negava o direto da Itália de ter uma recompensa. E muito menos o respeito ao time de Carlos Alberto Parreira de 1994, que também ganhou em campo, mesmo que seu futebol não fosse, exatamente, o estilo brasileiro.

O Cacique chamou Mazzola. Já tinha uma resposta. E ela foi surpreendente. A decisão caberia ao povo. Mazzola olhou incrédulo. Como isso poderia ser feito? O Pajé, que estava junto, explicou sobre os poderes para uma "Enquete via Sonho". Brasileiros e italianos iriam sonhar com o tema. Imaginariam uma pesquisa sobre o assunto. Para o pessoal da Terra seria apenas um sonho. Na verdade, aquilo estaria ocorrendo mesmo. Poucos iriam se lembrar no dia seguinte. Mas ali em cima, teriam o resultado exato do que brasileiros e italianos pensavam sobre a troca dos resultados das Copas de 1982 e 1994.

Seria a primeira e talvez única eleição séria na história dos dois países. Sem propaganda política, sem compra de votos, sem marqueteiros, sem influência de mídia, sem nada. Apenas o voto da consciência de cada um. O que estivesse registrado na mente e no coração seria passado como voto.

A GRANDE ENQUETE

O Pajé avisou também que ocorreria na madrugada do próximo domingo para segunda-feira. A escolha era para aproveitar o bombardeio dominical de futebol na cabeça de todos. Boa parte da população dormiria pensando nos jogos. E sonharia com a grande enquete. E aí daria seu voto celestial.

Naquela madrugada, todos lá em cima ficaram de plantão. Muitos envolvidos nas Copas que já não estavam mais na Terra, não poderiam votar, mas poderiam torcer. Os mais jovens, que se sentiram impactados pelos eventos, também foram consultados. A urna era telemagnética. Bastava a vibração clara, para que o voto fosse computado.

O local da contagem, o Panteão dos Injustiçados, naquele momento estava enorme. É bom lembrar que ele tinha facilidade de aumentar ou diminuir de tamanho de acordo com a necessidade. Quando a segunda-feira amanhecia na Itália, a votação era favorável à troca. 63% a 37%. O pessoal mais velho, mesmo tendo comemorado muito o título de 1982, tinha registrado na memória a fase pré-Copa, quando alguns jogadores se envolveram em escândalos de apostas clandestinas. O próprio herói do Mundial, o atacante Paolo Rossi, esteve suspenso por um bom tempo, por causa dessa confusão. Havia um resquício de impopularidade do grupo, que o título apagou. Já o pessoal de 1994 era mais respeitado.

Com a noite chegando no Brasil e início da votação, os números pró Toré foram aumentando de forma impressionante. A seleção de Telê Santana era quase uma unanimidade. O país chorou quando o time perdeu. Depois condenou, maltratou. Eu, inclusive, fiz isso. E esse erro de conduta popular e de mídia ajudou o futebol brasileiro a fugir de sua cultura em nome do resultado. Vencer a qualquer custo, como em 1994. E o preço pago foi a feiura dentro de campo que se vê hoje em dia.

Mas, no fundo, todo brasileiro sempre quis sua origem de volta. A beleza do jogo. E, na manhã da segunda-feira, a votação terminou com 98% a favor da troca e apenas 2% contra. Somando-se os dois resultados, o Pajé poderia começar seu ritual, distribuir suas juremas entre os cariris. Teria um enorme trabalho de ajuste pela frente. O inesperado Toré duplo estava aprovado. Por brasileiros e italianos.

CAPÍTULO 41

1994 ITÁLIA CAMPEÃ, NOS PÊNALTIS

17 de julho de 1994. O calor era impressionante em Passadena, nos Estados Unidos. Quando o ônibus interestelar de José Fonseca desceu próximo ao Estádio Rose Bowl, até aqueles que não tinham mais um corpo terreno se incomodaram com a temperatura. Quase 100 mil pessoas num local com pouca estrutura. Uma Copa improvisada, feita por gente que só teria interesse pelo esporte muito tempo depois.

O Pajé explicou que o Supertoré seria feito em duas etapas. Primeiro o mais simples, apenas a mudança numa cobrança de pênaltis. Depois o mais complexo, que envolveria vários jogos, em 1982. Então, a Itália ficará com um título a mais por algum tempo. Poderia até ficar para sempre se quisesse. Como o Toré sumário só ocorre contra o mal, no caso do bem com pessoas vivas, foi preciso uma enquete com enorme aval do povo brasileiro para que se concretizasse, já que não havia ninguém lá em cima de 1994 para autorizar.

Já do grupo campeão, honestamente, de 1982, Bearzot e Scirea poderiam voltar atrás a qualquer tempo. Mesmo com o voto popular pela mu-

CAPÍTULO 41

dança, tinham poder de conquista para não abrirem mão do título obtido na Espanha. Mas isso era assunto lá para frente. Agora o tema era 1994.

Os cariris, índios, com pouca roupa, não se importavam tanto com o calor. José Fonseca, no entanto, estava com camiseta e ceroula. Suava muito. Ghiggia também resmungava. O que era aquilo? O pessoal do estádio jogava água com mangueiras no público. A badalada estrutura americana de eventos não existia na Copa de 1994. Tudo era precário. Os Centros de Imprensa eram tendas improvisadas, a internet, em sua fase inicial não funcionava e para se saber os resultados de alguns jogos era necessário fazer uma ligação para o país de origem, já que a mídia local não se importava, nem mesmo com a final de Brasil e Itália.

Mas o estádio estava repleto naquela tarde. De mexicanos, brasileiros e italianos. O jogo final foi feio: 0 a 0. Nada na prorrogação também. Tudo seria resolvido em cobranças de pênaltis. Franco Baresi, um dos heróis do Mundial, já que operou o joelho no começo do evento e atuou na partida final, foi o primeiro a ser chamado para cobrar. No caminho veio pensando em bater pelo alto. Quando segurou a bola, apesar do grande barulho, ouviu uma voz muito clara.

— Rasteira no canto esquerdo do goleiro.

Baresi se assustou. Fingiu que beijava a bola para ouvir de novo e foi até advertido.

— Vamos rapaz, é surdo? Rasteira no canto esquerdo do goleiro. Faça o que estou mandando.

Ele perdeu na hora a convicção de bater por cima e chutou como a voz da bola mandou.
Gol da Itália. 1 a 0.

A cobrança seguinte era do grande zagueiro brasileiro Marcio Santos. Canto direito e defesa do goleiro Pagliuca. Mantido 1 a 0 para a Itália. Veio Albertini. Canto direito. Sem conversa com a bola. Gol da Itália. 2 a 0. Era a vez de Romário. Durante toda a Copa ele foi irreverente. Pouco treinou. Esteve acima do bem e do mal. Agora ia para o momento decisivo. Canto direito. E bola bateu na trave. Poderia ter entrado como em tantas outras vezes. Mas não hoje. Algo saíra errado. Talvez não fosse possível voltar na janelinha do avião como ele tanto pretendera para provar que a disciplina não era algo "tão importante assim".

Com 2 a 0, a vantagem italiana ia ficando muito grande. Evani estava mais tranquilo e chutou no meio do gol. Taffarel tentou um canto. 3 a 0 para a Itália. Branco cobrou bem para o Brasil no canto esquerdo e fez 3 a 1. Massaro cobrou mais para a esquerda e Taffarel pegou. 3 a 1 mantido. Dunga estava extremamente tenso como sua testa franzida mostrava, mas bateu com categoria no lado esquerdo. Gol do Brasil. 3 a 2 para a Itália. Faltavam Roberto Baggio e Bebeto. Baggio teria que perder, Bebeto marcar para que fossem para a série alternada.

Baggio sabia da sua responsabilidade e caminhava nervoso. Pegou a bola. Abaixou-se para ajeitá-la. Aí ouviu uma voz.

— Viu como o Dunga bateu? Faça igual.

Ele levou um enorme susto. Abaixou-se de novo em meio a gritaria, como se precisasse ajeitar a bola novamente. A voz foi grosseira.

— Eu sei que você está pensando em chutar pelo alto. Nada disso. No chão. Lado esquerdo. Igual o Dunga fez. Como vocês treinavam na Fiorentina. Entendeu?

Baggio ficou arrepiado. Olhou para a bola de modo estranho. Primeiro. Como é que ela falava? Segundo, como sabia daquilo tudo? Terceiro, será que ele estava delirando por causa da tensão e do calor? Por via das dúvidas era melhor obedecer.

Correu convicto da obediência. No momento seguinte sentiu um bolo de jogadores em cima dele gritando. O estádio ouvia o berro dos italianos. Uma bandeira em homenagem a Ayrton Senna feita pelos brasileiros foi entregue aos campeões italianos, que prestaram a homenagem, ao grande campeão, que morrera meses antes num autódromo da Itália. No avião de volta a Roma, Baresi e Baggio conversavam sobre as emoções que viveram. Baggio puxou assunto.

— Franco. Queria te dizer uma coisa. Acho que estou ficando maluco. A bola falou comigo na hora da cobrança do pênalti. Eu ia chutar no alto e ela me obrigou a mudar. O que você acha disso?

O velho capitão deu um sorriso. Deu um tapinha nas costas do amigo e se tranquilizou. Não ia admitir que o mesmo acontecera com ele. E percebeu que um estranhou fenômeno ocorrera naquela tarde em Passadena. E não foi só com ele. Mas preferiu não discutir o assunto.

— Roberto. Acho que você tomou vinho demais na nossa festa. Isso passa. Parabéns. A sua cobrança foi ótima. Com muita frieza para aquele momento.

Ghiggia e José Fonseca que observavam do ônibus interestelar a conversa dos dois amigos não puderam deixar de rir da esperteza de Baresi. O Toré estava feito em 1994. Restava agora acertar as coisas em 1982, na linda Copa da Espanha.

CAPÍTULO 42

1982 - A CABEÇADA SALVADORA DE OSCAR

Lotação mais do que completa no ônibus interestelar de José Fonseca. Ele precisou fazer limite máximo no veículo, que estica ou encurta de acordo com as necessidades do momento. Todos queriam assistir ao jogo Brasil e Itália do dia 5 de julho de 1982, em Barcelona, próxima parada do Toré. Afinal, na história real, ele foi a despedida do futebol-arte do Brasil tão admirado pelo mundo. O pessoal do Honved quis vir. O grande Torino de Mazzola também. As maiores estrelas, que já não estavam mais na Terra, se credenciaram e o pequeno Sarriá recebeu um público espiritual impressionante.

O ambiente era espetacular. Calor intenso, perto de 35 graus. O estádio estava quase todo verde e amarelo. Os italianos sabiam que pouco poderiam fazer. Afinal, seu jogo era de contra-ataques, e eles precisariam da vitória contra um time bem melhor.

O alegre ônibus da seleção do Brasil, estranhamente, veio em silêncio naquele dia. Toninho Cerezzo ficara nervoso com uma empresa de chuteiras

CAPÍTULO 42

que lhe cedia material de graça. Agora havia outra que pagava para ele usar. E ambas cobravam dele posições sobre contratos assinados.

Também alguns jogadores reclamavam de outros, pelas comemorações de gols em frente às placas de publicidade. Diziam que a espontaneidade do começo da Copa tinha acabado, que o sucesso do time estava agitando o ambiente, que as cabeças já não estavam mais apenas no Mundial. Será mesmo que isso tudo era verdade?

O certo é que, como em todos os grupos, quem jogava amava Telê Santana e quem não estava escalado via motivos para reclamações. E os repórteres, que viajavam com o time, inclusive eu, no mesmo avião, foram testemunhas de várias queixas de reservas que se julgavam injustiçados.

Mas naquela tarde espanhola, ninguém imaginava que a beleza do futebol brasileiro poderia estar correndo algum risco em apenas um jogo. Havia confiança de todos. Bastava um empate, com o qual ninguém contava. A vitória era coisa certa, até pela campanha vacilante dos italianos na primeira fase. E nos jogos recentes a Itália venceu a Argentina sofrendo; enquanto o Brasil passeou. Era só esperar para seguir no Mundial.

Os italianos vinham de crise. Alguns de suspensões, como Paolo Rossi, o grande atacante, envolvido em escândalos de jogos combinados que mudavam resultados das partidas e ganhadores da Loteria Esportiva da Itália, conhecida como Totocalcio. Vinte e sete jogadores foram considerados culpados pelas fraudes. Rossi foi um deles e punido com três anos de suspensão.

Mas, como a seleção não ia bem, resolveram diminuir a pena e no dia 28 de maio de 1982, pouco antes do início do Mundial, com apenas dois anos da suspensão, Rossi foi autorizado a voltar ao futebol. E para a seleção. Só que na primeira fase, ele não funcionou. Nem a Itália. Faltou muito pouco para uma vexatória eliminação.

O grupo italiano tinha Polônia, Peru e Camarões. Só a Polônia ganhou um jogo do Peru. No mais, empates. Por sorte, os italianos empataram duas vezes 1 a 1 e na outra 0 a 0. Camarões foi o contrário, dois 0 a 0 e um 1 a 1, exatamente contra a Itália, com o gol italiano no finzinho devido a um escorregão do goleiro africano. Um papelão da Itália e os italianos passaram por terem feito um gol a mais.

Na segunda fase, os doze melhores, dos vinte e quatro países que começaram, foram divididos em quatro grupos de três equipes cada um. Só o campeão passava. E os quatro fariam as semifinais. O Brasil estava uma beleza, ao contrário da Itália. Ganhou todas as partidas com futebol bonito e envolvente, entrando com grande favoritismo contra Argentina e Itália. Aliás foram os dois que abriram o grupo e os campeões mundiais, os argentinos, viram um adversário só se defendendo no primeiro tempo.

Na segunda fase, dois contra-ataques e dois gols da Itália. O gol de Passarela não melhorou em nada a situação. 2 a 1 para Itália. Então a Argentina teria que vencer o Brasil para sonhar. Mas o sonho foi um pesadelo. Levou um tremendo passeio, perdeu por 3 a 1 e foi embora para casa na manhã do dia 5 de julho, data do jogo entre Brasil e Itália.

A vitória brasileira diante dos argentinos, 3 a 1, deixava a equipe de Telê precisando só empatar. É que a Itália também os vencera, mas por 2 a 1. O saldo italiano era menor. E foi nesse clima incrível que o ônibus de José Fonseca estacionou. Os espíritos campeões se espalharam. Telê ficou ao lado dele mesmo dentro do campo, talvez tentando passar alguma, impossível, mensagem. E o jogo começou.

Gol da Itália. De Paolo Rossi, que não fizera nada até ali. Sem problemas. Sócrates empatou. Mas, por incrível que pareça, Paolo Rossi marcou de novo e os times foram para o intervalo deixando um clima de surpresa no ar. A Itália já deveria estar derrotada. Mas vencia. Gol de Falcão. Ufa. Agora tudo estava no seu devido lugar. Mas faltando dezesseis minutos para o final, numa cobrança de escanteio, Paolo Rossi pegou o rebote e marcou de novo. Parecia brincadeira dos deuses do futebol. Logo ele, que deveria estar suspenso. Logo ele, que chegou sob suspeitas e não jogara nada até aquele momento.

Aí o tempo correu muito rápido. Tão rápido quanto o desespero dos brasileiros. Mas ele não iria durar muito. O Pajé chamou sua tribo. As juremas foram distribuídas, os guias chegaram bem a tempo. Eram 43 minutos do segundo tempo, quando a equipe do Toré estava toda pronta. E veio uma falta pela esquerda. Eder cobrou. Oscar, o grande zagueiro brasileiro, subiu muito alto e cabeceou forte. Indefensável, até para o grande Dino Zoff. Mesmo assim, ele chegou na bola e fez a defesa, mas estranhamente ela escapou de suas mãos e entrou. Não foi até o fundo das redes, mas todos viram que foi gol. 3 a 3.

CAPÍTULO 42

Os minutos seguintes foram apenas de chutões e jogadores de camisas amarelas caídos no gramado, esperando o tempo passar. Telê não gostava daquilo, mas o susto fora tão grande que, naquela segunda-feira espanhola, valia tudo. E o juiz apitou. Fim do sofrimento. Os brasileiros choravam de emoção. Os italianos estavam conformados. Fizeram um grande jogo. Não fosse aquele lance anormal na cabeçada de Oscar, teriam passado. E aí ninguém mais seguraria a Itália.

Oscar chorava e gritava. Tinha a estranha sensação de já ter vivido aquilo, mas com final diferente, como se Zoff defendesse a sua cabeçada perfeita. Sentia calafrios só de pensar. Mas não tinha por que sofrer. O Brasil estava classificado e o próximo adversário seria a seleção da Polônia, que, em 1974, tirara o terceiro lugar da seleção brasileira.

No meio da euforia brasileira um grupo de índios apareceu e chegou a ser registrado pela televisão. Ninguém sabia explicar de onde vieram e como foram parar naquele lugar. E o mais curioso é que entoavam um canto de vitória, numa língua esquisita, algo que um antropólogo definiu como cariri.

— Mas isso é improvável. Essa é uma língua morta. E faz muito tempo!

Ninguém se importou com aqueles índios, nem com as dúvidas do antropólogo. O Brasil inteiro fazia festa, dançava emocionado pelas principais ruas e avenidas. A maravilhosa seleção de Telê Santana estava a dois jogos de ser campeã do mundo.

CAPÍTULO 43

O FUTEBOL BONITO É CAMPEÃO DO MUNDO

Depois do sufoco do dia 5 de julho, os jogadores brasileiros tinham uma sensação estranha. Estavam no maravilhoso Camp Nou, com mais de 120 mil pessoas, mas não se sentiam lá. Ninguém entendeu por que o Brasil foi obrigado a jogar de azul. Mas disso os organizadores não abriam mão. Era um time de azul como a Itália, contra a Polônia, naquela tarde se enfrentando pela semifinal da Copa de 1982.

E o jogo não foi tão difícil. O placar já parecia definido desde que o jogo começou. Estranha também a mudança do número da camisa de Sócrates. Ele disputou a Copa toda com o 8. Naquele jogo era 20, o número de Paulo Rossi.

— É que o 20 fez os gols. O Toré tem seus limites. Fizemos a troca. O Brasil virou Itália e a Itália virou Brasil. Em tudo. Até em quem marcou os gols e na cor da camisa, explicou o Pajé, quando perguntado sobre o que estava acontecendo.

CAPÍTULO 43

E o Brasil ganhou de 2 a 0. Dois gols do número 20. Fosse a Itália, seria Paolo Rossi. No Brasil, virou Sócrates. E ele quis saber por que não deram os gols para Serginho, ou para Zico, ou Éder, alguns dos atacantes. Por que ele?

— Todos que você citou estão na Terra. Não temos esse poder. Mexemos com o que está aqui em cima. E só você subiu. Então, os gols vão ser seus. E o Telê, que está tão emocionado com tudo isso, também não pode fazer muita coisa. Tudo já está feito, lembrou o grande índio cariri.

Com os gols de Sócrates, o Brasil venceu a Polônia. E o adversário da final seria a Alemanha. Na noite do 11 de julho, no Estádio Santiago Bernabéu, campo do Real Madrid, 90 mil pessoas verão novamente jogando de azul a seleção brasileira decidindo a Copa do Mundo.

E foi bonito. Os gols foram todos no segundo tempo. Mas a vitória, indiscutível. Brasil 3 x Alemanha 1. O time maravilhoso de Telê Santana ganhava o Mundial que tanto merecia. O país inteiro comemorava. Até a infernal ditadura já estava caindo de podre. Os ares brasileiros eram outros. De democracia como o autor dos gols, Sócrates, defendia com seu Corinthians.

Os críticos da arte de Telê Santana se curvaram. Aquele time de 1982, finalmente, dera show e conseguira o título. Não mais teriam que ouvir que fracassaram por serem artistas. Ninguém ousaria fechar os times com zagueiros e volantes caneludos, usando como desculpa a derrota de 1982. Não havia mais derrota.

Mesmo sentindo certa estranheza, os brasileiros comemoravam. A festa se espalhou pela Espanha e pelo mundo. José Fonseca estava feliz. Ghiggia aplaudia de pé. Os grandes craques do Honved e do Torino de 1949 faziam reverências. A justiça estava feita na Copa da Espanha. A bandinha do navio Custódio de Mello tocava como nunca. De repente, uma enorme bandeira brasileira começa a desfraldar desde o último andar de um prédio comercial ao lado do estádio. E o edifício espanhol vestiu-se de verde e amarelo!

No ônibus, na volta para o hotel, os jogadores cantavam o samba de Júnior, o Voa, Canarinho. Os índios cariris começavam a se preparar para voltar a seu ponto de origem. Mais um Toré realizado. Mais um torneio de futebol teve o final que merecia ter e não aquele que o destino resolveu lhe dar, casualmente.

O FUTEBOL BONITO É CAMPEÃO DO MUNDO

Descendo do ônibus, Telê Santana sentia um enorme alívio. Dirigiu-se ao Panteão dos Injustiçados e percebeu que as coisas estavam mudando por lá. Poucos ainda restavam. Na verdade, só sobrara um canto, aquele reservado ao goleiro de 1950. O Panteão, a partir daquele momento, tornou-se a casa de Barbosa. Apenas ele seguia ali com seus pensamentos, suas risadas altas e seu bom humor, apesar de tudo que sofreu na Terra.

Ghiggia chegou perto do amigo. Sabia que ele jamais lhe pediria para usar o seu poder contra o Uruguai. Barbosa não era assim. Ghiggia poderia mudar também aquela história. Tudo dependia de uma defesa do seu chute em 16 de julho de 1950. Mas Ghiggia não seria mais o mesmo. Os grandes companheiros, amigos de tanto tempo, deixariam de ser campeões. Não, aquilo não tinha como ser mexido.

Barbosa entendia bem o drama do velho amigo. Baixou os olhos e foi se ajeitando no seu lugarzinho, agora solitário. Entendia Ghiggia. O poder era dele e não poderia usá-lo contra seu próprio país, sua própria vida e sua grande história.

Barbosa olhou para o amigo e o convidou para jantarem juntos no meio da festa que Sócrates e Telê Santana organizavam pelo título de 1982. A Copa de 1950 ficaria como estava. Ghiggia aceitou. Estavam caminhando em direção ao evento quando cruzaram com o grande líder dos uruguaios, Obdulio Varela.

— Para onde estão indo? — quis saber

— Para a festa do Brasil, campeão de 1982! — respondeu Ghiggia.

— Está maluco?! A campeã foi a Itália!

No caminho, Ghiggia foi contando ao velho capitão o que estava acontecendo. Como sempre ocorria, ele começou incrédulo. Mas vendo a bagunça de samba alguns passos à frente, entendeu que não era brincadeira. E quis saber um pouco mais sobre o tal de Toré.

CAPÍTULO 44

A HUMILDADE DE OBDULIO VARELA

Há grandes mitos sobre Obdulio Varela no jogo final de 1950. Há quem diga que ele chegou a bater em Bigode, lateral da seleção brasileira, durante o jogo. Folclore. Obdulio era um grande líder. Comandou o time, gritou, impôs sua garra, mas não agrediu ninguém. Pela incrível magia daquela final, todos ficaram amigos, brasileiros e uruguaios, e Bigode e ele estavam sempre juntos.

Quando Ghiggia falou do Toré com Obdulio, explicando os poderes para mudar resultados injustos do futebol, jamais poderia imaginar a reação do capitão de 1950. Mas ele ficou pensativo. E quis confirmar a informação.

— Você tem poder para mudar aquele jogo? Pode fazer o Barbosa defender seu chute? É isso mesmo?

— Sim, mas não podemos mexer em algo tão sagrado para nós. Se o Brasil empatar, nós não seremos mais campeões. Não seremos reconhecidos. Nossa história na Terra será muito diferente, ponderou Ghiggia.

CAPÍTULO 44

— E você acha que nós fomos reconhecidos? Em algum momento nos deram a consideração que merecíamos? O que vi foi a cartolagem tirando proveito do que fizemos. Os brasileiros nos reverenciam mais do que os uruguaios. Não digo o povo, mas os dirigentes. Na verdade, depois de tanto tempo, acho que aquela Copa só serviu para trazer desgraça ao coitado do Barbosa. Mais nada — ponderou Obdulio, com ar grave.

Ghiggia ficou estarrecido. Nunca pensou em sequer considerar a hipótese de mudar a Copa de 1950. Até em homenagem a pessoas como Obdulio Varela. Mas não era o que pensava o "chefe" da equipe. E ficou mais boquiaberto ainda quando Obdulio afirmou:

— Pense bem. Nós fomos usados. Homenagens só aquelas básicas. Mais histórias do que prática. Continuamos vivendo mal. Enquanto isso o pobre do Barbosa virou um maldito no Brasil. Ele não teve culpa, mas pagou por tudo. E em troca de quê? Da glória dos dirigentes uruguaios, que tiraram total proveito do que fizemos. E logo eles que nunca acreditaram em nós. Nem no dia do jogo, como você lembra. Chegaram a falar no vestiário que, se a gente não tomasse goleada, já estava bom. Esses foram os caras que tiraram proveito de tudo. Quem jogou nunca teve o retorno merecido.

De boquiaberto, Ghiggia passou a ficar assustado. Estaria Obdulio sugerindo um Toré para a final de 1950? Poderia o Uruguai perder aquela Copa em nome da justiça com o amigo Barbosa? Ghiggia nem se atrevia a falar nada. Mas Obdulio estava empolgado.

— Alcides (esse é o primeiro nome de Ghiggia), se podemos fazer justiça com nosso amigo Barbosa, temos de fazer. Estou aqui em cima há bastante tempo, para saber que as coisas da Terra valem muito menos do que imaginamos. Temos que ajudar as pessoas. Mesmo que depois da morte. O nome do Barbosa sempre foi ligado à derrota. Ele sofreu muito. E nós podemos tirar tudo isso dele. Por que não fazer? O que vale é o bem que deixamos.

Ghiggia sempre foi um homem bom. Sabia que Obdulio estava certo

A HUMILDADE DE OBDULIO VARELA

em tudo que falava. Mas, talvez por ter subido há pouco tempo, ele, Ghiggia, ainda conservava alguns pontos de orgulho próprio de seres encarnados. Percebeu que esse sentimento de soberba estava desaparecendo com essa posição de Obdulio, que lhe passava um grande ensinamento. Diante disso, criou coragem e perguntou diretamente a Obdulio, mesmo temendo pela resposta do velho líder.

— Varela, você acha que a gente deve perder o Mundial de 1950?

Obdulio ficou tenso. Parou. Olhou em volta e respondeu firme:

— Por que não?

— Vamos deixar aquela taça com os brasileiros? — insistiu Ghiggia.

— Se depender de mim, sim.

Os dois se abraçaram. Todos os envolvidos no jogo de 16 de julho de 1950 estavam lá em cima. Era justo consultá-los. Especialmente os uruguaios, os ganhadores. Obdulio marcou para o dia seguinte um grande churrasco entre os participantes da histórica final de 1950. Na Terra eles faziam muito isso. Lá em cima seria a primeira vez. Obdulio Varela tinha um importante assunto a tratar com todos. E foi feita a convocação.

CAPÍTULO 45

O GRANDE CHURRASCO DA JUSTIÇA

Não, o churrasco celestial não é igual ao da Terra! Os seres espirituais não se alimentam assim. De fato, os participantes saboreiam néctares especiais, que mantêm a eternidade da alma. Mas, simbolicamente, tudo segue igual. Era como se estivessem numa enorme churrasqueira com todas as carnes bem cortadas e muita animação.

Brincaram e riram muito. Todos estavam presentes. Os 22 jogadores, as comissões técnicas e até alguns torcedores mais próximos! Ou seja, os envolvidos naquela tarde da final do Mundial de 1950 no Maracanã. Flávio Costa contava histórias. Discutia futebol como se nada tivesse mudado e disse:

— Uns meses depois da final, lançaram um livro sobre o jogo. Fui convidado e compareci. Quando cheguei, foi uma correria! Uma jovem jornalista aproximou-se, vendo a confusão e perguntou:

— O senhor é o autor do livro?

CAPÍTULO 45

— Não, minha filha, eu sou o autor da tragédia!

Flávio Costa ria ao falar sobre o tema. Na Terra, sofrera bastante com tudo que ocorreu. Mas agora era apenas mais uma história de churrasco.

Obdulio falou sobre seu passeio noturno após a partida. Contou que encontrou alguns brasileiros e que eles vieram cumprimentá-lo. Percebeu então, que a tristeza daquelas pessoas duraria anos. Talvez para sempre. Estavam feridos profundamente com a derrota, mas reconheciam o mérito dos uruguaios.

Schiaffino relembrou seus bons tempos de Milan. Seu sucesso na Europa e a emoção de jogar também na Seleção Italiana, embora amasse a camisa celeste do Uruguai.

Julio Perez, o treinador campeão, boa gente como sempre, contava velhas anedotas da Terra e o dia foi passando de maneira muito alegre. De vez em quando ouvia-se uma gargalhada bem alta, fora do padrão normal. Era Barbosa. Todos adoravam suas risadas, seu jeito descontraído e a maneira como conviveu com tanta injustiça na Terra. Era um grande exemplo. Uma alma maravilhosa.

Quando a festa estava terminando, Obdulio pediu a palavra. Subiu numa cadeira e, enquanto alguém puxou o corinho de "discurso, discurso", fechou o rosto, demonstrando que tinha algo sério a comunicar.

Ao começar a falar do Toré, a conversa paralela ficou intensa. O descrédito de sempre. Então Obdulio chamou Ghiggia e José Fonseca. Os dois deram seus depoimentos. Explicaram o fenômeno que ocorria e, aos poucos, todos acreditaram no que falava o capitão Obdulio. Mas, e daí? Pensavam.

Aí veio o pedido de Obdulio, que assombrou a todos, especialmente Barbosa:

— Em nome da justiça, acho que devemos refazer aquele jogo de 1950. Nosso querido Barbosa não merece passar o que passou. E vocês sabem que nunca nos deram o devido reconhecimento em nosso país. Estou propondo a mudança do título. O Barbosa pega o chute do Ghiggia, o jogo empata e assim não vão maltratá-lo a vida toda. Nem nos usarão, como fizeram, no Uruguai — comentou, olhando para os companheiros uruguaios.

As palavras de Obdulio criaram um clima de confusão. O falatório foi enorme. Alguém respondeu que aquilo não deveria nem ser discutido. Mas Obdulio estava preparado para a situação.

Ligou um aparelho e começou a exibir cenas de 1950. As coisas que aconteceram depois da partida. Imagens que ninguém vira no dia, pois estavam envolvidos no pós-jogo. Pessoas chorando. Crianças paralisadas. Foram horas de exibições. Especialmente de pais e filhos, em lágrimas, juntos.

O mais interessado em tudo aquilo, por incrível que pareça, era Barbosa. Não no resultado da votação pró ou contra o Toré. Barbosa se impressionava com seu povo desesperado. Com as cenas que Obdulio resgatara, para tentar mostrar aos seus companheiros o que poderia ser evitado.

Barbosa começou a chorar. Logo ele, sempre tão alegre! Obdulio via penalizado a reação do querido amigo. Mas ele seria o grande beneficiário de tudo, caso seu plano desse certo. Bastava pegar a bola de Ghiggia e todas aquelas cenas seriam apagadas para sempre.

O telão de Obdulio era gigantesco, com várias imagens simultâneas. Naquele local celestial, bastava encostar o dedo na cena que interessasse e cada um via, isoladamente, o que melhor lhe conviesse.

Barbosa teimava em assistir uma cena na qual um menino chegava com uma bola diante do pai, ao lado de um rádio. O pai chorava muito e seu choro comovia a criança, que falava algo e saía de perto. O pai ficava então olhando o garoto sumir com a bola debaixo do braço.

O goleiro da Seleção de 1950 viu aquela cena muitas vezes. Obdulio não entendia por que aquilo lhe chamara tanto a atenção. Mas isso pouco importava agora. Estava em plena campanha pró-Toré e não queria perder a concentração com outras coisas.

Finalmente veio o momento da votação. Os brasileiros se abstiveram. Era o mais lógico. O benefício era todo deles. Claro que gostariam de ganhar o Mundial. Já os uruguaios iriam perder a grande honra de sua história profissional na Terra. Não era fácil a decisão que iriam tomar.

— E então, pessoal, o que vamos fazer? — perguntou Obdulio.

Silêncio. Ninguém tinha coragem de começar a falar. O capitão fez um gesto de impaciência. Então o goleiro Roque Maspoli assumiu o comando.

CAPÍTULO 45

— Eu sei como é a vida de um goleiro. E sei que o Barbosa foi um dos melhores que a Terra já produziu. Então acho que ele merece defender aquela bola. Todos nós, uruguaios, perderemos um pouco. Mas a grandeza dele vale isso. Acho que esse é o voto de todos.

Obdulio deu um grande sorriso e perguntou se Maspoli falava mesmo por todos. Os gestos dos campeões de 50 mostraram que sim. Ao mesmo tempo Barbosa era abraçado pelos amigos uruguaios. Ele estava emocionado. O peso de tantos anos de injustiças iria sumir, finalmente. Barbosa iria defender o chute de Ghiggia. E a história faria seu trajeto natural com essa mudança radical. Ele não seria um maldito. Os negros não seriam impedidos de jogar como goleiros por tantos anos no Brasil. E seu talento seria reconhecido, como tinha que ser.

Obdulio Varela também estava muito feliz. Demonstrara sua enorme liderança mais uma vez. Mas o que o deixava mais contente era o fato de fazer o bem. De reabilitar Moacir Barbosa. Seu coração ficou cheio de ternura, quando foi cercado por alguns companheiros da equipe de 1950 que o aplaudiam. E naquele momento, o durão Obdulio também chorou.

Barbosa recolheu-se ao Panteão dos Injustiçados. Era o único remanescente por lá. Mas por pouco tempo. Em algumas horas tudo estaria acertado. O Panteão seria desativado e ele poderia, finalmente, descansar em paz, ou seguir sua rotina naquele lugar, sem os transtornos do período da Terra.

Barbosa estaria livre de um grande peso, mas, por incrível que pareça, algo o preocupava e muito. E ele não conseguia parar de pensar nas cenas que vira do pós-jogo de 1950 apresentadas por Obdulio. E seus olhos estavam cheios de lágrimas.

Barbosa pegou no sono, mas não teve sossego. O chute de Ghiggia estava tão arraigado nele que deixar de existir trazia um mundo de insegurança e dúvidas no velho jogador. Mas estava o grande churrasco da justiça tudo decidido. Haveria Toré para a final da Copa do Mundo de 1950. O campeão iria mudar.

CAPÍTULO 46

DE VOLTA AO MARACANÃ

Foi a reunião mais emocionante dentre todas que José Fonseca tinha presenciado no seu ônibus intercelestial. Muita gente estava por lá. Até o rebelde Heleno de Freitas e o grande Leônidas da Silva, que não foram personagens do jogo, quiseram uma carona e foram atendidos, é claro.

Rever o Maracanã com duzentas mil pessoas, voltar no tempo e corrigir, talvez, a maior injustiça da história do futebol mundial era algo que ninguém queria perder. E quando se fala em maior injustiça, talvez não fosse exatamente com o time brasileiro, maravilhoso como tantos que perderam jogos decisivos, coisa que o esporte às vezes faz. A correção da grande injustiça era com Barbosa. O cara de quem todo mundo gostava. O alegre e receptivo goleiro, craque, tão maltratado por causa de um chute que até hoje não se concluiu se era defensável ou não.

Pouco adiantou Ghiggia tantas vezes dizer que errou ao bater na bola, inocentar Barbosa, garantir que não houve falha. Insistiam em culpar o goleiro, pela "vergonha" da derrota de 1950. Nem a verdadeira vergonha, o 7 a

CAPÍTULO 46

1 de 2014, tirou o peso da culpa de Barbosa. Sempre alguém se lembrava dele como símbolo de uma derrota nacional.

Mas isso acabaria depois daquela viagem no ônibus de José Fonseca. Todos estavam orgulhosos do que iria acontecer. Tanto que as duas delegações vieram de terno e gravata. Na viagem, silêncio. Era justo o luto dos uruguaios, que abriam mão de seus grandes momentos na Terra, em nome da Justiça. Normal também os brasileiros estarem nervosos com a nova condição que iriam adquirir, graças à defesa de Barbosa, no famigerado chute de Ghiggia naquela tarde de 16 de julho de 1950.

Chegaram. O volume de pessoas era muito maior do que o que tinham na memória. Naquele dia do jogo original, a emoção do momento impediu que vissem detalhes. Agora estavam sobrevoando o estádio e podiam observar cada movimento das pessoas. Música, festa, comemorações, tudo em torno do resultado de um jogo que nem tinha começado. Ambiente propício para uma derrota. Especialmente num jogo como futebol. Voltaram aos vestiários ainda inacabados do Maracanã e se viram jovens, preparando-se para entrar em campo.

O líder Obdulio, bravo e inconformado com os dirigentes uruguaios, que falavam que "perder de pouco" já estaria bom para eles. E com os políticos em volta dos brasileiros, impedindo a concentração tão necessária a um enfrentamento daquele porte.

Foram para o campo. Em volta, os cariris faziam sua dança invisível para a multidão. Juremas eram distribuídas. Os espíritos privilegiados chegavam preparando o Toré. Pronto. Agora era só esperar.

A festa vinha ao som da Marcha do Scratch Brasileiro. Era uma composição de Lamartine Babo, autor dos hinos dos principais times cariocas, cantada pelo popular Jorge Goulart. Não havia um torcedor que não soubesse de cor e não se arrepiasse ao ouvir:

"Eu sou brasileiro, tu és brasileiro / Muita gente boa brasileira é / Vamos torcer com fé / Em nosso coração / Vamos torcer para o Brasil ser campeão/ Salve, salve / O nosso estádio municipal / No campeonato mundial / Salve a nossa bandeira / Verde, ouro e anil / Brasil, Brasil , Brasil".

Tudo muito bonito. Clima de vitória. Pelo menos até a bola começar a rolar. A tarde de gala, a partir dali, viraria um pesadelo. Pelo menos no seu dia original. Mas não agora, com a correção da injustiça com aquele povo eufórico. Com aquele senhor negro tão competente, que entrou como herói e saiu como maldito. Isso não poderia ficar assim.

CAPÍTULO 47

O JOGO

Apesar da grande festa, o primeiro tempo foi equilibrado. Os dois times eram muito parecidos. Nos jogos da Copa Rio Branco, antigo torneio jogado anualmente entre uruguaios e brasileiros, o equilíbrio era total. Mesmo em 1950, quando o Brasil tinha um time muito forte.

Na Copa de 1950, o Brasil atingiu o auge na fase final, ganhando da Suécia e da Espanha com incríveis goleadas: 7 a 1 nos suecos e 6 a 1 nos espanhóis. Já os uruguaios empataram com a Espanha e ganharam da Suécia só por 3 a 2. Não custa lembrar que aquele modelo de campeonato foi único. Os times foram divididos em quatro grupos. Os ganhadores passaram para a fase decisiva e jogaram todos contra todos. O campeão seria aquele com mais pontos. A vitória, na época, valia dois pontos e o empate, um.

Então o Brasil tinha 4 pontos e o Uruguai 3. Bastava um empate para o título ficar com o time da casa. E depois das últimas apresentações brasileiras, com goleadas brilhantes, e da dificuldade do Uruguai diante dos mesmos adversários, tudo levava à certeza de que a conquista viria com

CAPÍTULO 47

naturalidade. Começou o segundo tempo. Não foram necessários mais do que dois minutos para o gol brasileiro. O ponta-direita Friaça fez a festa. Se havia alguma dúvida sobre quem seria o campeão, ela terminou naquele momento. O Brasil inteiro era um grito só de gol. Não havia ninguém que imaginasse nada menos do que outra goleada e o povo nas ruas comemorando o campeonato mundial.

Minuto 66 de jogo. Ghiggia avança pela direita. Ele é veloz. Percebe Schiaffino entrando pelo meio. Barbosa está parado no meio do gol. É um paredão. Ghiggia sabe disso e faz o certo, cruza para trás. O grande Schiaffino bate seco. Gol do Uruguai. Empate no Maracanã e um estranho silêncio toma conta de tudo. Não havia motivo. O time brasileiro era muito bom. E o empate garantia a conquista.

Mas o silêncio parecia antecipar o futuro. Os olhares de confiança começaram a ser substituídos pela preocupação. E se o Uruguai marcasse outro gol? O impossível poderia ocorrer? Schiaffino não tinha percebido o efeito do seu gol na torcida no dia do jogo original. Ele simplesmente seguiu jogando. Agora, durante o Toré, ele estava intrigado com tudo aquilo. Por que o público se calou? O que levou a multidão a antever a desgraça que estaria para ocorrer? Um mistério que ficará sem resposta.

Depois do gol de empate, Barbosa foi chamado pelo Pajé. Era hora de trocar de lugar com o Barbosa de 1950. Ele sabia o que fazer. Não iria esperar um novo cruzamento de Ghiggia. Ao contrário. Ficaria no seu posicionamento original. Não daria o passo fatal para o meio, abrindo a pequena brecha do lado esquerdo, por onde aquela bola terrível entrou, destruindo sua vida e sua carreira na Terra.

Barbosa vestiu de novo o uniforme da Seleção Brasileira de 1950. Até aquela incômoda joelheira, comum entre os goleiros da época, para proteger os joelhos das quedas em gramados muito ruins.

Era a hora da redenção. Todos perceberam o nervosismo de Moacir Barbosa. Chegou o momento com o qual ele tanto sonhou. A nova chance de enfrentar Ghiggia, de defender aquela bola e mudar tudo. Não haveria mais drama, mais humilhação, mais vergonha. Ele seria motivo de orgulho, não de sarcasmo. Iriam apontá-lo como símbolo da primeira grande conquista do povo brasileiro no futebol. Não como o "homem que fez o Brasil chorar".

O ritual de colocação do uniforme foi demorado. Colocar joelheiras era entediante. Em volta todos os campeões uruguaios davam apoio, enquanto se assistiam em ação, forjando o grande momento da vida de cada um deles.

Os cariris dançavam empolgados. O silêncio do público contrastava com a enorme animação dos índios. Mais um Toré. O mais importante. Aquele que corrigiria a maior de todas as injustiças com um brasileiro. Um simples trabalhador, que assumiu todo o peso dos erros de dirigentes, comissão técnica e dos companheiros. Afinal eram onze. Por que sobrou tudo para ele?

Alguns reclamaram de Bigode, o lateral esquerdo que perdeu na corrida para Ghiggia. Disseram até que ele apanhou de Obdulio. Ridículo. Não houve qualquer agressão a ninguém. E perder na corrida para Ghiggia era normal. A velocidade era o seu forte.

Mas e o lançamento? Por que deixaram a bola ser lançada? Por que os 200 mil torcedores não ajudaram pressionando com seus gritos. Por que aquele silêncio de medo, após o gol de empate? Tantos culpados, mas tudo sobrou para ele, Barbosa, e um pouquinho para Bigode.

Felizmente chegara o momento da redenção. A bola de Ghiggia iria parar em suas mãos grandes e fortes. A pele negra dos goleiros brasileiros não seria maltratada porque "Barbosa falhou". Não haveria nada disso. Apenas mais uma defesa num jogo tão difícil e depois a grande festa em toda a nação.

E Barbosa voltaria a pisar no Maracanã, uniformizado, rumo à sua reabilitação. Trocaria de lugar com ele mesmo, o de 1950. Agora tinha conhecimento de tudo. Ficaria esperando o minuto 79, a corrida de Ghiggia e acabaria com aquilo tudo, para sempre. O Pajé deu um grande abraço em Barbosa e ele trocou de lugar com o Barbosa mais jovem do jogo de 1950. A nova chance, que tanto desejou, estava lá. E ele tinha nas mãos o direito de mudar sua própria história.

CAPÍTULO 48

SURGE UM HERÓI NACIONAL

Minuto 79. Barbosa está muito nervoso. Sabe que a bola chegará em segundos no seu canto esquerdo. Não precisa fazer muita coisa. É só ficar no lugar e dar um salto leve. E a defesa estará concretizada. Sua vida mudará. O Brasil mudará. Nenhuma daquelas cenas que viu horas antes durante o churrasco de Obdulio Varella existirá mais. Nenhuma!

Mesmo assim, Barbosa parece tenso. Na verdade, está extremamente inseguro. A bola está com Julio Pérez. Ghiggia dá um passo atrás e tira Bigode de sua posição de marcação. O passe é perfeito. Agora virão os sete passos fatais para a vida de Barbosa. E aquele chute terrível. A bola quicando duas vezes e então ele faria a grande defesa. Ghiggia vem chegando. Barbosa sabe que, apesar do desespero, Bigode não vai alcançá-lo. Juvenal também não terá os segundinhos que precisa para pressionar o chute. A bola virá em sua direção.

Quarenta metros. Ghiggia chega e bate mascado, como a história quis. E Barbosa percebe o movimento do corpo do ponta uruguaio. Ele já rememorou isso tantas vezes em pensamentos que conhece cada gesto de cor.

CAPÍTULO 48

A bola está chegando. Até os cariris pararam sua dança e gritaria. Os companheiros brasileiros choram emocionados ao lado do campo. Os uruguaios estão calados. De repente, Barbosa faz um movimento para o meio do gol. O Pajé grita desesperado.

— Não, Barbosa, não!

A bola bate no chão uma vez. Duas vezes. Barbosa não está no lugar aonde sabia que a bola iria chegar. O Maracanã se cala. Gol do Uruguai. De novo. Ghiggia conseguiu mais uma vez. Agora Barbosa levanta-se decepcionado. Todos estão incrédulos. O que aconteceu? O goleiro sabia de tudo. Sonhou milhões de vezes com aquele lance e com aquela chance de defesa. Por que o gol saiu novamente?

Estarrecidos, índios, jogadores, convidados, todos do ônibus de José Fonseca assistem aos minutos finais daquele jogo de 16 de julho de 1950. Veem a bola de Ademir Menezes bater na trave restando poucos minutos para o final. Notam o desespero de duzentos mil torcedores e quase enlouquecem vendo a festa uruguaia. Barbosa perdeu de novo. Agora ele chega quieto. Não consegue olhar para Obdulio, Ghiggia e para o Pajé, que tanto quiseram vê-lo redimido. Ninguém entendeu nada. O Pajé olha angustiado para o lado e informa que o poder do Toré acabou:

— A partir do momento que se acerta um Toré, ele tem que ser cumprido. Há muitos espíritos, seres superiores, forças celestiais envolvidos para que esse movimento ocorra. E nenhum ser humano pode alterar um Toré. Quando Barbosa deixou a bola entrar, levou com ele o encanto do Toré.

Ghiggia e José Fonseca sentiram certo alívio. Aquela força externa que eles receberam na hora da morte gerava um peso muito grande. Agora eles estavam libertados para seguir seus novos rumos espirituais. Eram iguais a todos novamente. Barbosa sentou-se ao lado do banco de reservas. Chorava compulsivamente. Ninguém se atreveu a chegar perto nos primeiros momentos. Mas em algum momento ele teria que dizer o que ocorreu. E isso ele fez na volta, dentro do ônibus interestelar. Com muita dor no peito, explicou sua decisão de ser um maldito eterno.

CAPÍTULO 49

O JURAMENTO

Barbosa estava mais calmo. Ficou em pé ao lado de José Fonseca, na frente do ônibus. Pediu a palavra. O carro interestelar parou ao lado de um cometa azul. E Barbosa se explicou:

— Naquele dia do churrasco do Obdulio, eu fiquei muito feliz. Tirar o peso do gol do Ghiggia das minhas costas sempre foi meu maior desejo. Nunca consegui. E vocês, meus amigos, meus irmãos queridos, me deram essa oportunidade.

Todos estavam curiosos.

— Mas mudar a história pode implicar alterar também coisas boas. Eu fui massacrado, xingado, humilhado por causa daquele gol. E muita gente chorou naquela tarde como nós pudemos ver, outra vez e com mais atenção, agora. O Obdulio mostrou todas aquelas cenas para convencer seus compa-

CAPÍTULO 49

nheiros de time a me darem a oportunidade de um novo jogo. Foi comovente. Mas a decisão demorou, como era normal. Afinal foi o jogo da vida de todos vocês. Enquanto vocês discutiam, eu fiquei vendo cada uma daquelas imagens. E uma mexeu demais comigo.

Nesse momento, Barbosa abre o telão do ônibus e coloca a cena que tanto o comoveu. Um senhor está chorando ao lado de um rádio. Faz pouco tempo que o jogo acabou. Aquele homem está sem rumo. Olha para o aparelho como que pedindo um desmentido de tudo que acabara de ouvir.

Então entra um garotinho. Tem nove anos. Suas perninhas negras são magrinhas. Ele tem uma bola debaixo do braço e fica apavorado vendo o choro do pai. Seu ídolo, seu super-herói, que não deveria chorar nunca. Pergunta o que aconteceu. E o pai, com a voz embargada, as lágrimas escorrendo pelo rosto, responde:

— O Brasil perdeu a Copa do Mundo, meu filho. O Brasil só precisava empatar e perdeu.

O garotinho olhou em volta. Procurou um jeito de consolar seu pai. Então olhou para a bola, que ele tanto amava e com a qual tinha tanta intimidade, apesar de ser apenas uma criança e trouxe a solução:

— Não se preocupe, papai. Eu vou dar uma Copa do Mundo para você.

O pai limpou as lágrimas, pegou o garotinho no colo. Deu-lhe um beijo carinhoso no rosto e fingiu que o problema tinha acabado. Não queria ver o filho triste por causa da tristeza dele. E agradeceu:

— Eu sei que você vai me dar a Copa sim, meu filho. Eu acredito em você.

Naquele diálogo, nasceu uma magia, que jamais seria contida e que ninguém ousaria parar. Barbosa subiu no primeiro banco do ônibus e disse bem alto, para que todos pudessem ouvir bem.

— Sabem quem é aquele garotinho?

Todos se entreolharam sem entender nada.

— Aquele menininho é o Pelé. O Pelé, meus amigos! Minha falha trouxe muita desgraça e tristeza. Mas trouxe o juramento do Pelé para o pai. Aquele menino levou tudo muito a sério. Ali surgiu o maior de todos. Ali surgiu a grandeza do futebol brasileiro. E enfatizou:

— Amigo Ghiggia, o seu chute despertou Pelé. Eu nunca poderia defender aquela bola. Eu não sei como seria sem esse momento de um pai ferido e o filho querendo consolá-lo. Sim, pessoal. A minha tragédia não poderia ser maior que todo o futebol brasileiro. Nós sabemos que a grandeza brasileira na arte de jogar bola tem tudo a ver com o surgimento de Pelé.

Barbosa tem lágrimas nos olhos, mas está convicto do que fala.

— Seria muito egoísmo da minha parte fazer essa história mudar. Eu não quis arriscar. Há coisas que são tão preciosas que é melhor deixar como estão. Eu preferi assumir a minha maldição eterna a correr o risco de não ter Pelé. Ele fez o juramento de dar uma Copa para o pai dele e para o país, o Brasil. Se eu não aproveitei a minha chance, ele fez a parte dele muito bem. Eu não quis correr o risco de estragar aquelas festas que Pelé nos deu. Não foi uma só, não. Foram três. Talvez inspirado na tristeza do pai, pela minha falha em 1950. Não quis ser o estraga prazeres, de novo. Deixa a história como foi. Tinha que ser assim.

CAPÍTULO 50

UM CARÁTER ACIMA DA MÉDIA

As pessoas no ônibus não tinham palavras para definir a atitude de Barbosa. Ele abriu mão da ressurreição, de uma vida grandiosa e não amaldiçoada, do final das chacotas para a consagração, em nome do país onde sofrera todas as humilhações. Era muito altruísmo.

Agora Barbosa chorava compulsivamente. Sabia o quanto aquilo lhe custara. Mas entendeu que havia algo muito maior do que o conforto dele. E tinha mais: jamais saberiam de tudo o que ocorreu. Nem mesmo da grandeza daquilo que fizera. Que caráter tinha aquele homem que o Brasil tanto desprezou!

O ônibus interestelar seguiu sua viagem com total silêncio dos ocupantes. Ninguém se atrevia a dizer qualquer coisa. O exemplo estava dado. Não existiam palavras que coubessem a partir dali. Barbosa ficou sozinho no banco da frente concentrado em seus pensamentos. Quando o ônibus estacionou, havia um movimento diferente no plano superior. A movimentação de seres brilhantes, com luzes fortes e intensas era enorme. Parecia uma comitiva à espera do grupo. Isso nunca ocorrera nas viagens anteriores.

CAPÍTULO 50

Barbosa foi recepcionado por eles. Lembravam o que definimos na Terra como anjos. Mas eram bem mais que isso. Eram imensos na grandiosidade, claramente superiores e vindos de locais que os humanos jamais imaginaram existir. Todos se assustaram. Barbosa foi chamado de lado. A conversa foi longa. Depois ele seguiu até o Panteão dos Injustiçados e pegou seus objetos. Tudo levava a crer que ocorreria uma mudança.

E foi verdade! Quando Barbosa deixou o Panteão, ele foi trocando de aspecto. Aos poucos desapareceu como uma nuvem em movimento. A casa de Barbosa, naquele lugar, não existia mais.

O próprio Barbosa estava agora diferente. Sua aparência sempre simpática era agora espetacular. Não tinha mais o corpo terreno. O que se via era uma fluidez e uma desenvoltura! Ele, ao poucos, começava a se assemelhar à aparência dos visitantes! Quando só restava o rosto humano, Barbosa dirigiu-se aos amigos. Chorava emocionado. Fora avisado que, dali pra frente, estaria num plano diferente. Barbosa ficara maior, superior, santificado. Sua atitude de generosidade com todo o povo do seu país, que o tratara sempre tão mal, significara um amadurecimento de alma, digno de poucos. E esses poucos eram requisitados para trabalhos maiores.

Barbosa virara um anjo, ou algo assim, como conseguimos entender. Não ficaria naquele local, que ainda acumulava tantas lembranças da vida anterior num planeta atrasado. Ele ficara celestial. Estaria entre os grandes que conhecemos. Todos que viram a cena ficaram estarrecidos. Não era comum assistirem a isso. O máximo que conhecemos na Terra é a canonização feita por humanos. E, assim mesmo, nem sempre dentro de critérios que entendemos. Agora não. Eles assistiram a tudo que se passava com o amigo, sendo premiado por pensar nos outros, por agir em nome do coletivo e não da individualidade dele. Aceitara todo seu sofrimento em nome da alegria dos outros.

O silêncio persistia enquanto Barbosa sumia com os seres maravilhosos que vieram recebê-lo. Ele não tinha mais ligações com o plano inferior. Seu lugar de grandeza estava reservado lá no alto onde existe a eternidade.

O goleiro da Copa de 1950 era agora um ser de luz, um anjo a ser acionado na hora das necessidades, grandes ou pequenas, dos seres humanos. Estava vinculado ao Bem eterno. O gol sofrido contra o Uruguai fora sua porta de sofrimento. E também sua ligação com o que realmente pode haver de maravilhoso, eterno e sublime!

CAPÍTULO 51

UM SANTO BRASILEIRO

A vida seguia sua rotina na Terra. Mais um final de ano ia se aproximando. As tradicionais folhinhas dadas de presente eram confeccionadas nas grandes gráficas do mundo. No Brasil, todos os calendários vieram modificados. Ninguém entendeu a princípio, mas bastou pesquisar um pouco para saber.

O dia 7 de abril, a partir daquele ano, seria feriado nacional. A dúvida inicial foi transformada em resposta fácil, que vinha na cabeça de todos que viam o vermelho registrado naquela data. O Brasil iria dedicar um dia a seu novo santo.

Moacir Barbosa virara santo. Por incrível que pareça, ninguém contestou nada. É como se sempre fora assim. O Vaticano teve a ideia, tudo correu rapidamente e o presidente brasileiro assinara, sem contestação ou perguntas, o decreto.

Sete de abril foi o dia da morte terrena de Barbosa. Daí a escolha da data. Todos os anos, tantos brasileiros quantos existissem dedicariam aquela data ao santo negro, que começava a ser cunhado em pequenas estatuetas.

CAPÍTULO 51

E a devoção por ele era intensa. Era o santo protetor dos jogadores de futebol, dos atletas em geral e dos injustiçados. Igrejas foram erguidas em seu louvor. Os devotos cresciam ano após ano. O Brasil ganhara uma proteção nova no plano celestial. E isso ajudava muito.

Pessoas mais humildes, mais simpáticas, amorosas com seu país e basicamente com cabeças voltadas ao coletivo. O Brasil ficou menos individualista. O todo passou a ser mais respeitado. E tudo obra de São Moacir Barbosa.

Lá de cima, os índios cariris seguiam em suas danças, consumindo suas juremas e fazendo seus rituais. De vez em quando, na concentração máxima do Pajé, parecia que ouviam a voz de Barbosa.

Os mais velhos, os sábios, comentavam com os mais jovens as experiências que viveram no período do Toré. Os meninos ficavam encantados e na expectativa de que o fenômeno se repetisse.

Mas eram desencorajados dessa esperança. No momento em que Barbosa abriu mão do grande benefício que teria, o encanto do Toré desaparecera para sempre. Ghiggia e José Fonseca lembravam com carinho de tudo que ocorreu. No entanto, seguiam seus trabalhos naquele plano de vida da alma, esperando obter a evolução que Barbosa alcançara.

Sentiam saudades do amigo. As antigas histórias eram contadas em ritmo de aventuras épicas. Cada um tinha um jeito de falar. Elas se repetiam sempre que passava algum beneficiário daquela magia. O Panteão dos Injustiçados transformou-se numa praça de encontros para amigos.

Era comum ver conversando por lá Sindelar, Telê Santana, Sócrates, Valentino Mazzola, Puskas e até Rinus Mitchels, que também optara pela derrota para ver Guardiola em ação. O assunto era sempre o mesmo. Futebol.

Que estranho esporte aquele que sobrevivia à morte! Quase tudo da Terra estava esquecido. As coisas boas e ruins. As tarefas do local tomavam muito tempo para que pensassem num mundo que já não lhes pertencia.

Só não entendiam por que o futebol ficara tão impregnado. Até o dia que Barbosa apareceu na praça. Sua gargalhada inconfundível foi ouvida por todos. Ele fora autorizado a descer e conversar com sua gente!

E não teve dúvidas ao explicar para eles por que, apesar de tanto tempo já desencarnados, eles continuavam a falar daqueles jogos, daqueles estádios, daquela vibração e daquela vida incrível que tiveram.

Barbosa assumiu tom professoral e esclareceu:

— Meus amigos, olhem para baixo. Deus poderia fazer o mundo com qualquer formato. Plano, com lombadas, uma nuvem, o que bem entendesse. Deus é Deus. Mas vejam o que ele escolheu. Uma bola. Nossa bendita bola! E ela está lá girando em torno do Sol, que também nos chega com formato de bola. A barriga de nossa mãe tem formato de bola, quando estamos para nascer. Nosso mundo é uma bola. Por isso falem à vontade do futebol e da bola. Vocês simplesmente estão refletindo a vontade Dele.

Nesse momento, Barbosa calçou as luvas, vestiu-se com o uniforme da Seleção Brasileira de 1950. Fez pose de foto. Deu um largo sorriso e saltou no vazio. Pouco depois todos viram a imagem dele agarrando a Terra, como se fosse uma bola de futebol. Era a defesa final. Nunca mais Barbosa apareceu. Mas ficou marcado no coração de todos. Abençoada bola de futebol. Ela fez o milagre da injustiça e da reabilitação. E faz até hoje. Mesmo que não exista mais a possibilidade de se acionar o Toré.

FIM

EPÍLOGO

TERRA

1930 – Uruguai
1934 – Itália
1938 – Itália
1950 – Uruguai
1954 – Alemanha
1958 – Brasil
1962 – Brasil
1966 – Inglaterra
1970 – Brasil
1974 – Alemanha
1978 – Argentina
1982 – Itália
1986 – Argentina
1990 – Alemanha
1994 – Brasil
1998 – França
2002 – Brasil
2006 – Itália
2010 – Espanha
2014 – Alemanha

CÉU

1930 – Uruguai
1934 – Áustria
1938 – Hungria
1950 – Uruguai
1954 – Alemanha
1958 – Brasil
1962 – Brasil
1966 – Inglaterra
1970 – Itália
1974 – Alemanha
1978 – Holanda
1982 – Brasil
1986 – Argentina
1990 – Alemanha
1994 – Itália
1998 – França
2002 – Brasil
2006 – Itália
2010 – Espanha
2014 – Alemanha

Impressão e acabamento:
Gráfica Oceano